/ 100 位
为新中国成立作出突出贡献的英雄模范人物/

周文雍、陈铁军夫妇

闫勋才/编著

★

吉林出版集团 | 吉林文史出版社

图书在版编目（CIP）数据

周文雍、陈铁军夫妇 / 闫勋才编著. -- 长春：吉林文
史出版社，2011.4（2024.5重印）
（100位为新中国成立作出突出贡献的英雄模范人物）
ISBN 978-7-5472-0586-0

Ⅰ．①周… Ⅱ．①闫… Ⅲ．①周文雍（1905～1928）
－生平事迹②陈铁军（1904～1928）－生平事迹 Ⅳ．①K827=6

中国版本图书馆CIP数据核字(2011)第051227号

周文雍、陈铁军夫妇

ZHOUWENYONG CHENTIEJUNFUFU

编著/ 闫勋才

选题策划/ 王尔立　责任编辑/ 王尔立

装帧设计/ 韩璘

出版发行/ 吉林文史出版社

地址/ 长春市福祉大路5788号　邮编/ 130118

电话/ 0431-81629363　传真/ 0431-86037589

印刷/ 天津海德伟业印务有限公司

版次/ 2011年4月第1版 2024年5月第6次印刷

开本/ 640mm×920mm　1/16

印张/ 9　字数/ 100千

书号/ ISBN 978-7-5472-0586-0

定价/ 29.80元

《100位为新中国成立作出突出贡献的英雄模范人物》丛书

★★★★★

编 委 会

100 位

为新中国成立作出突出贡献的英雄模范人物/

八女投江	于化虎	小叶丹	马本斋	马立训	方志敏
毛泽民	毛泽覃	王尔琢	王尽美	王克勤	王若飞
邓 萍	邓中夏	邓恩铭	韦拔群	冯 平	卢德铭
叶 挺	叶成焕	左 权	诺尔曼·白求恩		任常伦
关向应	刘老庄连	刘伯坚	刘志丹	刘胡兰	吉鸿昌
向警予	寻淮洲	戎冠秀	朱 瑞	江上青	江竹筠
许继慎	阮啸仙	何叔衡	佟麟阁	吴运铎	吴焕先
张太雷	张自忠	张学良	张思德	旷继勋	李 白
李 林	李大钊	李公朴	李兆麟	李硕勋	杨 殷
杨子荣	杨开慧	杨虎城	杨靖宇	杨闇公	萧楚女
苏兆征	邹韬奋	陈延年	陈树湘	陈嘉庚	陈潭秋
冼星海	周文雍、陈铁军夫妇		周逸群	明德英	林祥谦
罗亦农	罗忠毅	罗炳辉	郑律成	恽代英	段德昌
贺 英	赵一曼	赵世炎	赵尚志	赵博生	赵登禹
闻一多	埃德加·斯诺		夏明翰	格里戈里·库里申科	
狼牙山五壮士	聂 耳	郭俊卿	钱壮飞	黄公略	
彭 湃	彭雪枫	董存瑞	董振堂	谢子长	鲁 迅
蔡和森	戴安澜	瞿秋白			

前　言

　　每个人的心中都多少有一点英雄情结，都向往英雄、景仰英雄。也正因此，在中华人民共和国建国六十周年之际，由中央十一部委联合组织开展的"100位为新中国成立作出突出贡献的英雄模范人物和100位新中国成立以来感动中国人物"的评选活动中，群众参与投票总数近一亿。这其中的每一张选票，都表达了人们对英雄模范的崇敬之情，寄托着对伟大祖国的美好祝福。

　　一个民族不能没有英雄，否则这个民族就不会强大。当国家危难之时，懦弱者选择了逃避、妥协甚至投降，英雄们却挺身而出，用热血捍卫民族的尊严，人民的幸福。在创立和建设新中国的伟大历程中，涌现出无数可歌可泣的英雄模范人物。他们之中，有为了民族独立和人民解放而英勇牺牲的革命先烈，有为了党和人民的事业而不懈奋斗的优秀共产党员，有在全民族抗战中顽强奋战、为国捐躯的爱国将士，有英勇杀敌的战斗英雄和革命群众，有积极从事进步活动的著名民主爱国人士和国际友人……他们是民族的脊梁、祖国的骄傲，是激励全体人民团结奋斗的精神力量。

　　《100位为新中国成立作出突出贡献的英雄模范人物传记》丛书，就像一部星光璀璨的英雄谱，真实、完整地记录了英雄模范人物不平凡的一生，再现了他们非凡的人格魅力和精神世界。"头颅可断腹可剖"的铁血将军杨靖宇，"毫不利己，专门利人"的白求恩，"抗战军人之魂"张自忠，"砍头不要紧"的夏明翰，"俯首甘为孺子牛"的文化斗士鲁迅……一串串闪光的名字，一个个动人的故事，犹如群星闪烁，光耀中华。

　　如今，战火已熄，硝烟已散，英雄已逝，我们沐浴在和平的幸福之中。在和平年代，人们不会忘记为今日的和平浴血奋战的英雄们，英雄的故事永远不会结束。让我们用英雄的故事唤醒我们心中的激情，为中华民族的伟大复兴而奋斗。

生平简介

周文雍（1905-1928），男，汉族，广东省开平县人，中共党员。

陈铁军（1904-1928），女，汉族，广东省佛山市人，中共党员。

周文雍1923年加入中国社会主义青年团，1925年加入中国共产党。曾任中共广东区委工委委员、广州工人纠察队总队长、中共广州市委组织部部长兼市委工委书记等职。陈铁军1924年秋考入广东大学文学院预科。求学期间，为追求进步，铁心跟共产党走，她将原名燮君改为铁军。1926年4月，加入中国共产党。大革命失败后，1927年4月广州四·一五反革命政变后，任重建的中共广州市委组织部长兼市委工委书记。10月，周文雍被选为中共广东省委候补委员，投入广州起义准备工作。陈铁军受党的派遣，装扮成周文雍的妻子，参与准备广州起义。1928年1月，周文雍当选为中共广东省委常务委员兼广州市委常务委员，再次与陈铁军回到广州，重建党的机关。1月27日，由于叛徒出卖，周文雍与陈铁军同时被敌人逮捕。在共同的革命斗争中，周文雍和陈铁军产生了爱情。但为了革命事业，他们将爱情一直埋藏在心底。在生命的最后时刻，他们决定将埋藏在心底的爱情公布于众，在敌人的刑场上举行了革命者婚礼，表现了大无畏的英雄气概。

1905-1928
1904-1928
[ZHOUWENYONG、CHENTIEJUNFUFU]

◀ 周文雍、陈铁军夫妇

目 录 MULU

血染的市棉花（代序）

　　木棉花在周文雍和陈铁军烈士公园沐浴着春风，开得那么鲜艳、耀眼。

　　这美丽的木棉花，还出现在一部电影里，至今让人难忘。

　　这部电影叫《刑场上的婚礼》，讲述的是：阴云密布、血雨腥风的 1927 年，国民党反动派背叛了革命，开始疯狂的大屠杀。在这危难的时刻，党组织交给年轻的女共产党员陈铁军一项特殊任务，让她和工人运动的负责人周文雍一起，以夫妻名义为掩护，组织工人准备举行广州起义。在险恶的环境中，这对革命青年艰苦地工作着，同时产生了纯洁、高尚的爱情。但是，为了革命事业，两人把个人情感深深地埋在心底，直到被叛徒出卖，在英勇就义前，才表白了真挚的感情。就义前，他们庄严宣布："让刑场作为我们结婚的礼堂，让反动派的枪声作为我们结婚的礼炮吧！"那部电影让无数人心潮澎湃，肃然起敬。

　　我在搜集英雄的事迹的时候，一次次被他们所感染、所感动。两个二十出头的年轻人，在那个艰苦卓绝、灾难深重的年代，毅然抛弃所有，为了信仰，为了人民的解放事业不惜牺牲爱情与生命。

这是何等伟大的壮举!

正如影片的主题歌所唱的那样："木棉花，火样红，化作彩霞染长空!"

让我们在书中一起去领略木棉花那血染的风采，一起去凭吊先烈的丰功伟绩。

走出深闺 立志革命

(1904-1926)

→ 幼年时期

★★★★★

（0—15岁）

陈铁军祖籍是台山县黎洞汇洞里。祖父陈超贤，是个勤劳俭朴的贫苦农民，因封建械斗而逃到佛山落籍。以经营豆腐为生，生活十分贫困。父亲陈帮南因生活逼迫只身漂洋海外谋生，经过十年的艰苦奋斗，先后在佛山买下店铺三间、大屋五间和桑基、鱼塘十二亩，并与人合股经商，成为佛山商界一个知名的归侨富商。

1904年陈铁军就出生在这样一个富商家庭里，她排行第四，妹妹铁儿排第七，姐妹是一双富家闺秀。铁军少时就有一手能针善绣的好手艺。随着年岁的增长，她觉得这种幽居深闺、悠闲自在、孤闻寡识的生活没有什么意义。她在这个家庭里，不愁吃穿不愁用，却苦于被浓厚的封建思想所管束。父母还早早就将她许配给佛山何合记盲公饼店的老板为孙媳妇。由于封建礼教的影响，当时，女孩还不能同男孩子一起上学。陈铁军六七岁时，佛山市还没有女子学校，铁军也就没有机会上学，整天跟着母亲做针线活。很快，陈铁军就学到了飞针走线的好手艺，她的针线活很让人喜爱。但是，陈铁军极不愿过幽居深闺的少女生活，不希望在绣房

△ 陈铁军故居

里度过自己的青春。当佛山办起女子私塾时，陈铁军数次向父亲提出，希望能像哥哥那样上学读书，做一个有文化的人。

陈铁军的父亲少年时就背井离乡，到澳大利亚做工，艰难的生活使他深深感到文化知识的重要，也希望家中出一个"才女"，便同意把陈铁军送到佛山的坤贤私塾读书。

陈铁军，原名陈燮君。

1919年五四运动的洪流冲击着佛山这个古镇。广州女子师范学校佛山籍学生郭鉴冰带了一批同学到佛山宣传革命思想。她们在街头演讲，大声疾呼反对帝国主义、男女要平等、妇女要解放的道理，提倡民主与科学等。陈燮君听得津津有味，她那幼小的心灵萌发了追求解放和光明的思想。次年，郭鉴冰毕业回佛山开办一所新型学校——季华女子小学（现为铁军小学）。陈燮君便和七八名同学一起报名，成了这所学校的第一批学生。在这所新型学校里，陈燮君受到了新文化、新思想的启蒙教育，成为一名品学兼优的学生。

在季华小学念书的时候，大家都笑陈燮君是个"古仔迷"。每晚做完作业，都要家里人给她讲一段故事，没有听到故事，她就闷闷不乐，吃不好，睡不香。《嫦娥奔月》、《孟姜女哭长城》、《昭君出塞》、《卓文君》等故事，深深地印在她的脑海里。

一日，校长在课堂上给同学讲了《木兰从军》的故事，陈燮君听得颇入神。故事讲完，下课铃声刚敲响，同学们一个个离开课堂到外边活动了，可是陈燮君独个儿呆在桌旁。一位同学问她在想什么，她说："没什么，我在想花木兰……"

那天放学回到家中，陈燮君不哼一声，从吃晚饭到洗脸，也没说半句话。家里人感到奇怪，问她遇到了什么不愉快的事，她一声不响没有回答。晚上，大家都睡觉了，陈燮君虽然也躺在床上，但久久没有合上眼。花木兰、孟姜女、嫦娥、王昭君、卓文君……一个个古老中华的女性形象涌现在她的眼前。她想：我长大后，应当做个怎样的女性……

墙上的钟打响两点，街外的更夫敲响了三更锣鼓，陈燮君骤然起床，走入书房，点亮油灯，挥笔疾书。……天将亮了，家人醒来，望见书房灯火通明，便起来走进书房。可是陈燮君见到家人走进来，便将文章收藏起来了。

一连两天，燮君总是三更起床到书房写文章，一直写到五更天。第三天，敲响五更，陈燮君又起床走进书房了。当陈燮君伏在桌上埋头疾书时，家人悄悄地走近她的身边，看见了文章的题目：应当做怎样的女性。

第四天，陈燮君将文章送给校长指正。校长接过文章，一口气读完后，赞叹地说："佳作佳作！笔锋鲜明泼辣！是当今少年之佳作也！"

→ 封建叛逆

★★★★★

（15岁）

陈燮君勤奋用功，不但在主要科目上，就连手工劳作都非常认真。至于那些新制度、新课程，比如穿制服、上体育课，一般家长都不大理解，认为穿布衫短裙，有失大家闺秀的体统，但是陈燮君带头参加。到陈燮君快要毕业那一年，她遇到一件不愉快的事。

父母把陈燮君许配给佛山市盲公饼铺的"何合记"大老板当孙媳妇。那一年，在五四运动的影响下，反帝反封建的浪潮遍及广东，许多学生纷纷走出课堂，上街宣传革命思想。受到进步思想影响的陈燮君无法接受父母对她婚姻的安排。她哭诉，她申辩，她尽自己的一切努力进行反抗。然而，这些都无法改变父母的成命。

　　哀伤之中，陈燮君愤愤地说：我要斗争，坚决斗争。

▽ 陈铁军曾就读过的季华学校旧址

1919 年腊月，陈燮君的父亲病故。不久，母亲也离开了人世。正当陈燮君陷入万分悲痛之中，又传来一个意想不到的消息，"何合记"要来娶亲。"何合记"大老板患重病，要陈燮君去"过门冲喜"。

对于一个发愤学习、追求革命理想的女青年，"过门冲喜"无疑是一场"祸"。陈燮君向哥哥诉说，希望哥哥帮助她反抗这场婚姻，谁知哥哥要她秉承父母遗嘱。

她去找郭鉴冰，希望找到一个解脱的办法。同学们虽然同情她，却又无能为力。

面对封建礼教和家庭的压力，陈燮君思考再三，要哥哥向何家提出两个条件：一、父母重孝在身，只能拜堂，不能同房。二、拜堂后要回家继续读书，一直读到中学、大学。

何家人听了陈燮君提出的这两个条件后，无法拒绝。婚礼后，燮君三天回门便在娘家住下，只在头一两年，逢年过节去婆家行礼，后又回到学校读书。陈燮君小学毕业后，何家再三催促她回去当少奶奶，享受荣华富贵的生活。哥嫂也申明按照习规，不再供给她继续升学的费用。陈铁军并不屈从，毅然决定冲破封建礼教的羁绊，设法变卖了自己的首饰和衣物，到广州继续求学，寻找一条民主自由的道路。

➡ 探求真理

★★★★★

（18岁）

陈铁君小学毕业后即要求继续求学，几经周折才到了广州私立坤维女子中学初中一年级下学期插班。该校是一所封建思想十分浓厚的"小姐"学校，来这里读书的多是只想将来嫁个如意郎君的娇小姐，这对接受了五四运动影响的陈铁君是十分苦恼的。

旧社会，妇女地位低下，经常无故受人欺侮。五四运动以后，由于受革命进步思想的影响，妇女争取自由、平等、独立的斗争风起云涌。这年5月28日，澳门许多华人举行罢工、罢市，抗议葡萄牙士兵调戏华人妇女。8、9月间，上海、湖北、广东六十多个单位，三万女工先后举行了六十多次罢工，掀起了中国共产党领导的第一次女工罢工运动。姐妹们的斗争精神使陈铁君深受鼓舞，进一步激发了她同旧思想作斗争的信心。

陈铁君的国文老师谭天度思想比较进步，在课堂中经常讲解一些时事，有时候还讲述妇女解放问题。陈铁君对此非常感兴趣，千方百计从谭老师那里多学习一些有关知识。

一天上课前，陈铁君把一个问题写在纸条上，请谭老师解答。这个问题是：先生：请述妇女独立、自由、男女平等之真谛。如何实现大同，妇女解放？

陈铁君还与班里数名志趣相投的同学一起，到谭老师的宿舍登门请教，共同探讨救国救民的真理。有时候，陈铁君还和谭老师及同学们一起到荔枝湾散步谈心，畅谈对马列主义思想的感想。

当时，这些追求真理、追求进步思想的做法是要遭到校方反对的，但陈铁君毫不畏惧，她还和同学们一起组织时事研究社，经常阅读《新青年》、《前锋》等理论刊物和《共产主义ABC》等小册子，逐渐从进步书刊中接受共产主义思想。

有一次，谭天度老师对陈燮君说："我作为老师，有责任帮助你们上进，但你们和老师一起谈话，人们会议论。如果学校刁难，我不怕解聘，你是学生，被开除就麻烦了。"

　　陈燮君听后，语气坚定地说："我不怕。如果校长这样做，我就揭露她。如果无理开除我，我也不怕，我要斗争。"

　　谭老师觉得燮君是一个勤奋好学、追求真

▽ 陈铁军在中学读书时的毕业纪念照（前排左二为陈铁军）

理的青年，就指引她和几个进步同学组织"读书会"。介绍一些共产主义书籍和当时中国共产党出版的《向导》、《新青年》和《政治周报》等刊物给她们，讲解中国的社会现状，解释共产党是什么样的政党等。有一天，陈燮君问谭老师："我能不能参加共产党？"谭老师微笑着说："参加共产党是可以的，但要考验一段时间。"他鼓励陈燮君努力创造入党条件，并介绍她认识中共广东省区委妇委负责人蔡畅同志，由党组织考察和培养。

➡ 投身革命

★★★★★

（20—22岁）

1924年夏，陈燮君初中毕业后，便考入了广东大学（中山大学的前身）预科。当时的广东大学，是中国政治派系斗争非常激烈的地方，许多党派之间都展开斗争。我党支持国民党左派，同孙文主义学会影响下的"士的派"、"女权运动大同盟"的学生进行斗争。燮君在我党领导下积极参与，从不落人后。

1925 年五卅惨案发生之后，中共中央召开紧急会议，号召全市罢工、罢市、罢课，反抗帝国主义野蛮残酷的大屠杀。广东大学校方为了限制学生参加罢课斗争，决定提前考试，限令学生离校回家。

陈燮君认为，学校的决定是错误的，在革命斗争风暴中，学生应该毫不犹豫地同工人一起向反动势力作斗争。当周恩来、陈延年等率领群众在广州举行大示威游行时，陈燮君同进步同学一起毫不犹豫地加入了斗争的行列。广州和香港的工人在中国共产党的领导下，举行了举世闻名的省港大罢工。

6 月 23 日，罢工回来的工人和广州革命群众数万人举行了示威游行，声援五卅运动。陈燮君带着同学们冲出校门，满怀激情地挥着旗帜，高呼反帝口号，和群众一起参加游行。当队伍经过沙基时，沙面租界的英、法军队，残酷地向游行队伍开枪扫射，造成了流血惨案。在这次游行中，陈燮君感受到群众的伟大力量，也亲眼看见帝国主义的狰狞面目。烈士们的鲜血更加激发陈燮君的斗志。从此以后，陈燮君进一步看清了帝国主义的反动面目，更加积极地投身于各种革命活动。血的事实教育了她，在广东大学举行的辩论会上，陈燮君用富有说服力的语言宣传：中国要走俄国式的革命道路。

有人散布"不要提妇女解放"、"妇女参加了政权，就可以男女平等"的论调时，陈燮君公开驳斥："现在是帝国主义和军阀统治，根本不

△ 读书时期的陈铁军与同学的合影

能达到男女平等。只有打倒帝国主义和封建军阀，推翻旧社会，妇女才能彻底解放。妇女要真正解放，人类要得到真正的幸福，只有在共产党领导下进行斗争。"陈铁君不久就参加了"新学生社"，和广大进步青年一起，高举反帝、反封建的旗帜，为革命坚持不懈地斗争。

1925年暑假，陈铁君考进了广东大学(次年改名为中山大学)文学院。陈铁君常常把进步的老师和同学带到佛山，宣传革命真理，又把一些同心的姐妹吸引到革命的策源地广州，和她们并肩战斗。区夏民、区梦觉都是她的亲密战友。李淑媛是铁君大嫂的妹妹，一直和陈铁君一起从事革命活动，后来也英勇牺牲了。

在中国共产党领导下，广州的群众革命运动如火如荼地展开了。陈铁君自觉地、积极地到工人中接受锻炼。她到手工车夫工会劳工子弟学校教书，到罢工工人家属中去工作，跟她们一起打草鞋、缝衣服，支援北伐大军。陈铁君连那白上衣、黑裙子的学生制服也脱下来了，换上大襟衫、阔脚裤，像一个普通女工一样。她到女工家里问寒问暖，动手帮忙。工人都把她当成自己人，敬重她又疼爱她。

10月，广东大学选举全国国民外交后援会代表和出席全国学联会广州学联的代表时，右派学生在会场上捣乱，破坏选举。

陈燮君见此非常气愤，当即与几名思想进步的女学生一起同右派学生进行争辩，并把他们赶出会场。在争辩中陈燮君的脸被右派学生打伤了，姑娘秀气的脸上青一块紫一块的。

右派学生不甘心选举中的失败，又在一份《醒狮》小报上发表文章，叫嚣要打遍中国，把共产党打垮。

陈燮君当时虽然还不是共产党员，但她把共产党人看做是最敬仰的人。对于右派学生的暴力行为和无理叫嚣，她毫不畏惧，说：我就要铁心跟共产党走，与反动派斗争到底！

经过这一次斗争，陈燮君更加痛恨反动派。

这天，谭天度老师得知陈燮君被人打伤以后，特意来看望她。为了调节陈燮君的情绪，谭老师在散步时有意朗诵古诗："花好月圆人寿……"

谁知一语未了，陈燮君却把老师的话打断了，说："什么'花好月圆人寿'？'花残月缺人亡'才是今天社会现实的写照。"见谭老师发愣，陈燮君愤愤地说："那些右派学生不讲道理，不仅捣乱，还拿棍子打人。"陈燮君略一停顿，指了指自己脸上的伤，又说："他们以为这样打人，我们就会害怕，不敢进行革命宣传。但是，他们想错了，我是决不会屈服的，我要和他们斗争到底。"

谭天度微微点头，心里说："燮君，真是好青年。"经过这场斗争，她更加成熟了。

经过了严格的锻炼，1926 年 4 月，陈燮君加入了中国共产党。

当晚，陈燮君激动万分，整夜没有睡。她想，应该用什么来纪念这个不寻常的日子呢? 想啊! 想啊! 想了很久，想出来了! 应该改个名字。可是改个什么名字呢? 她继续去思考。直到天亮时，一个新的名字终于想出来了: 铁军! 钢铁之军!

第二天，刚好是星期日。铁军急急起了床，准备回佛山去。

"燮君，这么早就出去啦!"一位同学从蚊帐里伸出头来问。

"哟! 你早! 告诉你吧! 我已经改名铁军了，从今天开始，请叫我的新名字吧!"陈铁军提着小皮箱向那位同学挥手:"我回家一趟，明早见!"

说罢，便匆匆离开了校舍。

陈铁军来到佛山潘涌尾的一家雕刻店，请刻章师傅刻个印章。

"师傅，请帮我刻个椭圆形的印章吧！"陈铁军将写有"铁军"二字的纸条递给雕刻师傅。

雕刻师傅接过纸条看后，好奇地问："铁军？！……这个是人名吗？"

"是的，是我的名字。"陈铁军爽朗地回答。

"哟！真有男子汉的气派！"雕刻师傅微笑着说："七天后来取货吧！"

第二个星期日，陈铁军又回佛山，到那家雕刻店取到了印章。她捧着印章高兴地回到家中，取出红印油，把印章盖在一个本子上。

铁军！一个红艳艳的印章，一直保留到今天。

陈铁军入党前后，正是国民党右派先后制造"中山舰事件"和"整理党务案"的逆风时期。国民党右派在中山大学学生中的右派组织"士的党"和"女权大同盟"此时也积极活动，妄图篡夺中山大学学生会领导权。陈铁军等一批革命学生，与他们进行了坚决的斗争。陈铁军的表现受到了同学的爱戴，被选为中山大学中共党支部委员。与此同时，她积极参加劳动妇女运动，被选为广东妇女解放协会秘书长兼第三届委员，还被选为中共广东区委妇女运动委员会委员。党还派她担任妇女运动干部培训班主任，除聘请党内外知名人士讲政治历史理论课外，她自己还负责讲授"妇女运动的目的、任务和方法"等课，深受学员的欢迎。

1926 至 1927 年间，广东开设了妇女干部训练班，这个班是为了训练农村妇女干部而设的。党派陈铁军负责这个班的工作。她经常教育学员到农村工作时要同情农民的痛苦，生活要群众化，不要摆知识分子架子；向农村妇女宣传革命思想要讲求方式方法。她还勉励大家说："你们对农村妇女态度要亲切热情，不要拿着笔记本当面记她们的话，她们才肯和你说知心话。我们时刻也不要忘记工人农民。妇女运动如果没有工农妇女参加就没有力量，反帝反封建的国民革命运动就不会成功。"陈铁军决心和工农群众一起干革命，她对党号召深入到农村里去工作，早已有所准备。在训练班时，天气很热，她的头发又黑又浓，讲课时热得满头大汗。当时，同学都以剪发为时髦，劝她把头发剪掉，陈铁军摇摇头，说:"热一点不要紧，我们将来还要下乡去做农村工作呢，剪了发在乡下做工作是很不方便的。"

积极上进 斗志昂扬

(1905-1926)

➡ 激流勇进

★★★★★

（0—17岁）

　　周文雍，乳名光宏，1905 年 8 月出生在广东省开平县茅冈乡凤凰里（后改为宝顶村）的一个贫穷私塾师的家庭里。

　　他家祖祖辈辈居住于开平县农村。他的父亲名奉成，读过几年书，在茅冈的一个村上私塾执教，妻子关氏，养了两男三女。周文雍就出生在这样一个穷苦的家庭里。

　　周文雍是个勤奋好学、进取心强的好孩子。7 岁那年，他开始跟着在私塾执教的父亲识字、读书。尽管当时的学习条件很差，但周文雍学习很刻苦，成绩很好。

　　课余时间，周文雍除了跟同学们一起玩

要，还特别喜欢听人讲历史故事。好多次，他都缠着父亲给他讲《三国演义》中那些动人的故事。他还常常为文天祥等爱国民族英雄的动人故事所感动，立志要为国家作贡献。

经过刻苦自学，周文雍于1922年以中学同等程度的学历考入广东省立甲种工业学校机械科。到广州上学之初，周文雍一心一意地攻读功课，要争取优异成绩，报答家庭和乡亲们的帮助。那时候，广东省立甲种工业学校是一所富有革命传统的学校，在五四运动的影响下，许多学生纷纷投入革命洪流之中。一些毕业离校的学生也把自己油印的进步刊物带回母校，在学生中宣传。

一天，周文雍看到一本《共产主义ABC》，爱不释手地阅读起来。书中那些革命道理深深地打动了他。他很快又去找《阶级斗争浅说》、

△ 周文雍

《向导》等书刊，一遍又一遍地阅读，字里行间，使他懂得了要推翻旧社会、消灭人剥削人、人压迫人的封建制度，就必须投身于革命洪流之中。

不久，周文雍开始向《甲工校友专刊》投稿。这本为了推动革命活动的《甲工校友专刊》是前两届毕业生创办的。周文雍用投稿的方式来表达自己的革命抱负，同时也提高了他的思想觉悟。

1922 年 5 月，周文雍加入了社会主义青年团。在革命道路上，他迈出了坚实的一步。

不久，周文雍又相继担任省立甲种工业学校的团支部书记、学生会主席。这时候，周文雍参加革命活动就更频繁了。当广州各界举行追悼世界革命导师列宁逝世、纪念二七惨案一周年等活动时，周文雍不但积极参加起草宣言、通电，印发传单，还组织革命学生编辑《会刊》，夜以继日地进行宣传鼓动工作。周文雍下定决心，要把自己的一生献给革命事业。

➡ 沙面罢工

★★★★★
（19岁）

1924年周文雍被选为广州学生联合会执委兼文书部副主任。同年7月沙面租界的英、法帝国主义者施行侮辱中国人民的《新警律》，周文雍参与领导洋务工人进行罢工斗争，迫使沙面当局取消《新警律》。

1924年6月间的一个晚上8时许，维多利亚酒店餐厅，正集合法国领事馆军政人员和大商人二三十人，欢宴安南总督马兰。这时就见一个身着西装，貌似中国人，手里提了一个小皮箱，徘徊在维多利亚酒店和水师酒店附近，后来缓缓地走到酒店东窗，把小皮箱从窗口猛向窗内一抛，轰的一声，空气

积极上进 斗志昂扬

都震动起来。当场炸死六个法国人,其余的都受了伤。在混乱中,只见附近马路上有人狂奔,先头跑的一个,忽向后头跑的数人开了两枪,沿"英法分界线"直跑到江边,投江殉难。到了第二天中午,江上浮起一具死尸,他就是抛炸弹的越南革命党人范鸿泰烈士。沙面当局还雇人在浮尸附近河底搜寻,果然捞获左轮枪一支,烈士的忠骸为警察局领回。后来广东政府还举行了追悼会,把范鸿泰烈士葬于黄花岗七十二烈士墓门对面的丘陵上。

这件炸弹案发生后,沙面英法当局便颁布对中国人极端污辱的所谓沙面《新警律》十余条,大意为:一、沙面的行人道上,凡遇有外国人来往,中国人不准走在路中心,只得在路旁行走;二、中国人不得在江边马路来往,不得在休息椅上坐立,不得在周围码头上落脚;三、中国人不得居住沙面,不得使用任何车辆在马路上行走;四、在沙面做工的华人一律要领取贴有相片的通行证,随身携带,如有违反即行解雇;五、晚上在沙面行走的华人必须携带手灯,违者拘捕处罚;六、入晚 10 时后,中国工人不得在沙面行走;如因工作逾时,须有雇主签证方可通过东西两桥;七、凡在沙面受雇的职工,不准亲友探访,不准携带杂物进出沙面,不准留居家属等等。这些苛例一经公布,洋务工人立即激动起来,这真是不能容忍的耻辱,我们誓不能让帝国主义把这些苛例加在中国人民头上。于是人们奔走相告，逢人便说："岂有此理"，"要起来反抗番鬼佬"。

这时候，周文雍、施卜等与工人积极分子张果、何焯斌等有了联系。但当时洋务工人只有兄弟会（如惠群公会）的小组织，没有领导的作用，积极分子也很少，只好个别地一个个地去发动。工人积极分子站在东西两桥，逢人便鼓动地说：

▷ 罢工的香港、广州工人和各界群众十万多人举行游行

"立即离开沙面，不要等沙面封锁起来，那时什么吃的东西都买不到了。"如是，男女工人便迅速地搬箱提包离开了沙面，连写字楼文职人员都一致行动。沙面及附近所有洋务工人全体罢了工。

周文雍、穆清、施卜、冯菊波等继续在工人中进行宣传组织工作，帮助青年工人组织"青年工社"，青年工社社址在十八甫牛乳桥，社长为张果。在青年工社的基础上，共产主义青年团也成立了。团员有张果、何焯斌、梁八、谢颂雅等六人，以张果为书记。周文雍等几位同志晚上经

▽ 沙面大罢工

常座谈，并召集青年像学习班一样地进行学习。

洋务工人在罢委会领导下，凡无家可去的都暂在江上紫洞艇食宿，但不数日又分别搬到海珠戏院和豫章书院食住了。

罢工后，周文雍等组织广州工农学各团体纷纷发表宣言和慰问，积极支援。党还通过才改组不久的国民党，策动各界，组织"各界反对沙面苛例罢工委员会"，纷纷捐款援助。新学生社也在各大、中学校策动学生进行沿途劝募运动，甚至很多小学生也参加了这一运动，支援罢工工人。罢工一直坚持了四十余天，获得了全部胜利。除晚上行路需携提手灯外，其余苛例都全部取消了；工人全部复职，罢工期间的工资照补，但实际上有部分没有全数补发，也有极少数雇主停业离开沙面了。工人无法复工因而失业的为数不多，不过复工的工人都自愿捐出自己工资的小部分来维持失业工友的生活，直至他找到工作为止。

同年校方以"参与社会活动过多旷课严重"为由，开除了周文雍的学籍。但周文雍仍继续领导广州地区的学生运动。

1924 年 11 月，周文雍被选为团广东区委委员兼广州地委委员。

积极上进 斗志昂扬

→ 洋务罢工

　　1925 年周文雍加入中国共产党，继续从事工人运动。上海五卅惨案发生后，他发动和组织洋务工人参加了省港大罢工。

　　1925 年 6 月中旬，沙面洋务工人获悉香港工人酝酿罢工的消息，周文雍、穆清、施卜等同志也到沙面发动罢工，他们作了几次关于上海英帝国主义屠杀我游行示威同胞惨案的报告，使工人更加认识到中国人民在帝国主义的铁蹄下，特别是在所谓租界里做工的人，真是没有生命保障。青年工社社员都是二十余岁左右的青年，他们反帝热情极为高涨，在罢工酝酿中起了核心作用。经过一个短暂时间的努力，罢工的思想准备工作已经成熟，工人们互相转告香港总罢工的情况，同时把一些贵重物品和行李陆续运走。

党作了省港大罢工的决定后，即指定由李森、刘尔崧、周文雍同志负责领导策划沙面罢工事宜。

6月20日，工人纷纷到全总举行会议，决定21日起，于24小时内，所有广州市内英、法、美、日洋务职工，应取同一态度，一律离职罢工；要

▷ 广州东平周文雍雕像

求其他各国洋行职工实行月薪捐款，每百元工薪者捐5元，援助罢工工友。当晚即发出罢工通知，并即成立沙面工人援助上海惨案委员会，办事处设在太平戏院。

罢工宣布后，在东山、白鹤洞、芳村等教堂的洋人住宅打工的工友以及珠江两岸太古仓、渣甸仓、亚细亚和美孚石油仓等工友都一致罢工。沙面罢工工人离开沙面后，即到罢工委员会报到。在罢工的同时，宣布封锁沙面，在桥口和来往繁忙地点，插上用白布写的标语口号；组织纠察队，对沙面东桥进行封锁，把守了沙基内河两岸，不许船艇进入。驳艇总工会也发出通告："所有大小船艇，不准湾泊沙面河岸；不准代沙面西洋人搬运货物。"22日，停在白鹅潭的英法军舰水兵纷纷登陆，在东西两桥架起铁丝网，用沙包堆起防御工事，水兵荷枪实弹警戒着；在西桥东边时昌洋行的骑楼处，用沙包掩蔽，安置起重机枪，指向沙基一带。英国浅水舰罗便号开进了同德大街对面。日本、美国、法国、葡萄牙也各派兵舰一艘，湾泊白鹅潭沙面。显然，6月23日的大屠杀是英帝国主义预先阴谋策划好的。

由于洋务工人中缺少一个强有力的统一组织，因此罢工实现后，表现出群龙无首的现象。

李森、刘尔崧、周文雍同志积极地领导和组织，克服了一切困难，几天之内罢工人员的食宿问题便解决了。省港罢工委员会是省港罢工的领导机构，在罢委会的十三个委员当中，沙面洋务工人有四个名额。这四个委员是由各小团体的上层干部和积极分子在太平戏院办事处开会互相推选出来后再经群众认可的，因为仓促之间不可能进行民主方式选举。推举结果，有陈瑞南、曾子严、梁德礼、黎福畴等四人。本来在洋务工人中还有一些思想进步、有活动能力的工人，如袁顺鸿、邓伯明、冯剑光等，但他们在群众中还没有树立起威信。又如青年团员张果、何焯斌、谢颂雅等青年工人，他们热情有余，而社会经验不足，也未能选上，但他们却做了党和群众之间的桥梁，在运动中起了先锋作用。如邓伯明担任罢委会财政委员，不久又改任宣传主任，后来还入了党。冯剑光一开始就搞纠察工作，后来任纠察队第二大队长兼军法处主任。袁顺鸿任纠察队支队长。洋务工人中担任纠察队的有二百余人，不少还担任了重要的职务。

周文雍同年11月任中共广东区委委员兼共青团广东区委员会经济斗争委员会书记，开展统一工会的组织工作。

1926 年 3 月 28 日，省港青年工人大会在省教育会召开，参加大会的有省港罢工青年工人、铁路和广州各行业的青年两千多人。中华全国总工会刘少奇、省港罢工委员会苏兆征、广州工代会代表刘尔崧、共青团广东区委周文雍等出席大会并发表讲话，大会讨论和通过关于青年工人利益的提案、决议和宣言，"一致主张青工加入工会，要求保护青工利益，督促国民政府北伐，推翻段祺瑞卖国政府，组织中央国民政府"，召开国民会议，"废除一切不平等条约"。

1926 年 4 月组织召开广州洋务工人代表大会，成立了统一的广州洋务总工会。

相识相知 共同革命

(1926—1927)

→ 初次相识

★★★★★

（22岁、21岁）

　　五卅运动把全国的革命斗争形势推上了一个新的高潮。

　　沙基惨案也使陈铁军对革命形势的认识大大提高了，她参与革命的态度更加坚决了。她向谭老师提出了她的要求。谭老师介绍她到妇女解放协会联系，请他们分配任务。

　　在一个挂着妇女解放协会牌子的地方，她推门走了进去。里面没有女的，只有一个男青年。男青年抬起头，清瘦的面孔，浓眉大眼，好像在哪里见过，他有礼貌地问："找谁呀？"

　　陈铁军急忙说："对不起，我走错门了，

◁ 陈铁军

我是找妇女协会的。"

男青年热情地回答说："没错，这儿就是。"

陈铁军有点为难，说："我是找负责妇女工作的。"

男青年笑了："妇女工作只能妇女来做吗？"

陈铁军也笑了："你是……"

男青年说："我叫周文雍。"

陈铁军把介绍信递了过去，周文雍认真看了信。

周文雍的大眼睛望着陈铁军，热情而又严

肃地说："和工人阶级结合，这是我们知识分子的唯一出路，是一次严峻的考验啊！"

陈铁军说："请相信我能经得起考验。"

周文雍说："好，我带你去手工车夫工会，让你见见工会主席老沈，那里正需要女同志去工作。"

他们来到一条偏僻的大街上，老远就闻到有鸦片的烟臭味。周文雍告诉陈铁军，手工车夫的生活饥寒交迫，他们交了租给车主，简直就不能生活了，也不能怪他们吸烟、赌钱。烟档、赌档都是车主开的，他逼着工人去赌去抽，就是要榨干车夫的每一个铜板。

在屋子的最里面有一张床，床上躺着一位病人，一个女人坐在床边给病人擦着汗。周文雍走过去，轻轻地叫声"坚姐"。那个女人头也不回，低声说："周大哥，我就来。"

陈铁军感到周文雍和工人的感情，不是写在纸上，挂在嘴上的，没有朝夕相处的感情，是无法做到这么熟悉的。

那大嫂转过身来，周文雍把陈铁军介绍给大嫂，告诉她这位就是手工车夫工会主席老沈的妻子坚姐。

坚姐告诉他们，昨晚老沈给黄色工会的人打伤了，正在发烧，正在给老沈煮药。

周文雍愤愤地握起了拳头。

他们几个像老朋友一样谈了起来。

从此以后，陈铁军就经常到手工车夫工会去，她不但教工人们读书写字，还教家属们读书识字，向他们宣传革命道理。

陈铁军第二次到妇女协会的时候，穿上了当时女工穿的大襟衫、阔脚裤，乌黑的头发梳成两个小圆髻，分在两旁。周文雍吃惊而又敬佩地望着她说："铁军同志，我一眼都没把你给认出来，简直就是工人啦。"

陈铁军一笑，说："换件衣服算不了什么，我要像工人一样，锻炼出一身铜皮铁骨来！"

周文雍说："对，我们都需要锻炼，要肯吃苦，肯牺牲，革命成功不会从天上掉下来！"

→ 奋不顾身

（23岁）

1927年春天，因工作需要，周恩来已从广州调到上海的中共中央工作，妻子邓颖超因怀孕临产，行动不便，暂留在广州待产。

当时，邓颖超住进广州西关的王德馨保生医院，因胎位不正难产，加上当时医疗条件有限，最终失去了她与周恩来的爱情结晶。邓颖超十分悲痛，身体也极其虚弱，需要一段时日的调养恢复。

4月12日，蒋介石在上海背叛革命。15日，广州的反动军阀也对共产党操起了屠刀。凌晨，大批反动军警包围了中山大学。反革命政变发生后，广东省委立即指示所在地区的中共人员立即撤离广州。

接到撤离通知，时任广东妇女解放协会秘书长的陈铁军，突然想起还躺在西关王德馨保生医院里的邓颖超。

那天深夜，大批反动军警把中山大学校区团团围住，点名要抓捕共党要犯陈铁军。

面对反动派的大屠杀，面对层层包围中的反动军警，陈铁军首先想到的不是自己的安危，而是自己的领导和其他同志，特别是邓颖超，她一旦落入反动派的魔爪，后果不堪设想，高度的责任感、使命感，让这位年轻的女同志坐立不安。

凌晨时分，平时看上去温柔纤弱的陈铁军，冒着被军警抓捕的危险，悄悄地翻过中大校区的围墙，先通知其他几位还没来得及转移的同志赶紧转移，她又立即装扮成一位贵妇人，并请一位姓沈的中共人员扮成女佣，来到保生医院，找到邓颖超的病房，准备将邓颖超转移。

那天晚上，邓颖超服药之后，一直处于昏睡状态。

不知什么时候，邓颖超被母亲叫醒，睁眼一看，除了母亲，熟悉的陈铁军，还有一位陌生的女同志，看上去每个人都十分焦急，她完全不知羊城发生了什么事。

望着病床上的邓颖超，陈铁军焦急地说："邓姐，你要赶紧出院，广州的国民党右派叛变了革命，情况非常危急！"

△ 1925年8月8日，周恩来和邓颖超在广州结婚。这是周恩来于1926年和邓颖超在汕头合影。

听她一说，邓颖超才知道自己的危险处境，平时工作风风火火的邓颖超也犯了难，自己刚动完手术，痛失爱子，身子虚弱，至今还不能下地走路，生活都是由自己的母亲照顾，说到转移，又谈何容易。

"铁军啊，你看我这个样子，又咋走啊？"邓颖超感到有些为难，想自己坐起来。

陈铁军上前扶起邓颖超："邓姐，要快啊，

再不转移就来不及了，反动派的魔爪随时都会伸来，我们已有不少同志被捕。"

可一看到身体如此虚弱的邓颖超，陈铁军这时也犯难了。

说转走吧，她还不能下地走路。

找人抬走吧，反而又增大目标，不是更增加了危险？

转出了医院，而又让她住在哪儿呢？

羊城的大街小巷，反动军警无处不在，哪儿最为安全？

听说要邓颖超出院，主治医生王德馨女士心里已明白这位产妇的特殊身份，这位心地善良的女性同胞，出于人道和对邓颖超的敬仰，要求她一定要留下来，等治一段时间后再转移，以免由于手术时间太短，发生生命危险。

望着面如白纸的邓颖超，陈铁军恳请王德馨女士："无论如何，我们不能让邓姐住在病房，反动派的军警特务，随时都会伸出魔爪来抓人！"

仔细考虑之后，王德馨女士说："要不这样，我们后院有一间小屋，外面的人不知道，我看就暂时在那儿住一段时间，万一军警特务来查，我就说她已经出院，不知去向。等她能够走路了，我们再把她转移走，我一定保证她们的安全！"

邓颖超说："铁军啊，看来就听王大夫的话，住一段时间再说吧。我是中共党员，而我邓颖超还不想死在病床上，死在病床没有价值，要死就死在与敌斗争的战场或刑场，如果真到了那一步，那也是一件无比光荣的事，我邓颖超没有一丝一毫的遗憾。"

接着，她们几位姐妹马上动手，一起将邓颖超母女转移隐藏在医院后院的一间小屋里。

隐藏好邓颖超母女后，压在陈铁军心头的石头才落下来，并与那位姓沈的女党员一起离开医院。

果然不出所料，不到三个小时，天色刚亮，一群反动的军警气势汹汹地到来，并将这家医院搜查一番，砸开邓颖超住过的病房，说是搜捕一名是共产党要犯的产妇。

王大夫镇静自若地应付道："她们早出院了，不知到了哪儿。"

军警离去，王德馨女士为了安全起见，每天派自己最贴心的护士给邓颖超母女送药、送水、送饭。

但是，反动派的搜捕并没有停止，并越发加剧，邓颖超的处境越来越险恶。

又经半月的疗养，邓颖超的身体日渐恢复，可以自己下地走路了，王德馨就利用医院定期采购药品的机会，将邓颖超化装成护士，让邓颖超的母亲扮成女佣，派护士长亲自护送邓颖超到沙面码头，登上一艘德国领事馆开往香港的电船，再由香港乘船抵达上海。

→ 失去联系

（23岁、22岁）

经过了狂风暴雨，才显出松柏的刚劲，经过了严霜大雪，更显出梅花的耐寒。

四·一五好像一场烈火，把铁炼成了钢，也把废渣烧了出来。

陈铁军和妹妹陈铁儿住在她们新搬的房子里。她们读着这些报纸时，情绪非常激动。她们为那些被捕的革命同志、为那些牺牲的战友流泪，也对那些无耻的变节者、胆小鬼感到愤怒。她们对自己被学校开除倒无所惋惜。

铁儿问："姐姐，现在被冲散了，今后我们往哪里去？"陈铁军坚定地回答她："去找党！我们要想方设法找到党，党会给我们安排的！"

陈铁军记得她第一次会见周文雍时，那也正是他被甲等工业学校开除之后。她对铁儿说："我们都渴望着读书，现在可知道了，那些资产阶级大学都不是为我们开的。我们离开也是迟早的事情，周大哥说过："岗位变了，斗争要继续。'我们准备着继续战斗好了。"

可是，周文雍和其他同志这时到哪里去了？战斗怎么继续呢？

她们开头还躲避一下，后来，她们也不再躲避了。她们到处跑，希望碰上一些同志，重新接上党的关系。但是，她们找了一天又一天，找过一些街道又一些街道，别说一个同志找不到，连过去的少先队员、劳动童子团团员都见不着面了。黑暗笼罩着广州，在白色恐怖下党的同志不得不转入地下，这给陈铁军她们寻找组织带来了极大的困难。

她们仍然不灰心地到处找、到处碰。

有一天，姐妹俩在路上走的时候，突然被一

个人抓住，他叫着："我找你们找得好苦啊！"

陈铁军和铁儿一看，原来是她们的三哥。

三哥告诉她们，自从省城出了清党这件大事，报上又登载了中山大学开除她们姐妹俩的消息，他和三嫂都为她们担心透了。他这次特别到广州来找她们，叫她们回佛山去避难。

三哥情词恳切地对她们说，他何尝不知道她们干的是对人民有益的事？他自己也是痛恨帝国主义和军阀的。最近，他在佛山经营的生意因为受帝国主义资本的排挤，已经破产了。军阀把社会弄得一片黑暗，他也是知道的。可是现在他们的势头太凶，动不得啊。他手上还有一点钱，愿意把陈铁军送到国外念书，避过目前的风险。三哥还说："四妹，你不是最爱求学，最希望独立生活吗？有了高深的学问就有出路。你要为自己的幸福想想，别再干那些有杀头危险的事了。"

陈铁军说："三哥，你说的出路不是我要的出路。你说的幸福不是我追求的幸福。国家没有真正独立，革命尚未成功，个人的幸福哪里来？为大众的幸福而斗争，就是我最大的幸福。我认定了目标，杀头也不走回头路。"句句掷地有声、振聋发聩。

三哥差不多要流下眼泪了，说："妹妹啊，我们是一奶同胞。爹妈临死前把你们托付给我，你们现在面临险境，我这做哥哥的怎能忍心袖手旁观？共产党现在已到绝路了。你们快跟我回家去，不要在这儿白白送死。"

陈铁军说："三哥，你不是共产党员，你没有我这份感情，共产党才是我的亲爹娘。离开了党，我无法活下去的。我在走投无路的时候，党救了我，给我指出了一条光明的道路。现在，敌人要把党赶到绝路上去，这个时候，我更是离不开党！"

哥哥便问铁儿说："七妹，你年纪还小，前程可贵，你就跟我回去吧。"

铁儿嘟着嘴说："我早就下决心跟着姐姐，铁了心肝铁了肠的。我虽不是党员，可是我这份心情你不会理解的。你自己回去吧。我就是要陪着姐姐！"

三哥只好叹着气，摇摇头，无可奈何地走了。

陈铁军姐妹俩仍然满怀希望地去找党。

好几个月过去了。

在这几个月里面，她们也遇见了好几个从前的党员和团员。可是，这些党员和团员也像她们一样，失去了和党的联系，听不到党的消息。他们都苦恼和彷徨。陈铁军坚定地告诉他们："一个共产党员和一个共青团员，在任何时候也不要对革命灰心丧气，要有坚定的信心，不要让失败挫败我们。我们只要有和敌人坚持斗争的决心，就一定能够找到党的。"

在反动报纸上看不到正面报道共产党的消息，陈铁军就在那字里行间找寻党的消息和党的行踪。看到登载着更多的"清党"的消息。她沉痛地悼念着同志们，又用他们前仆后继的精神互相鼓励。看到反动派"剿匪"的消息，她就和同志们分析、研究党的活动路线在哪里，是谁在领导着斗争。

陈铁军把家里给姐妹俩的伙食钱拿出来，买了些纸和笔，和大家一起，暗地里做宣传工作。

国民党在报纸上谩骂共产党，污蔑共产党，陈铁军就写文章，给他们有力的回击。国民党在报上宣传"剿匪"的胜利，陈铁军就揭露他们的残暴和反动。她写传单，写标语，告诉人们，共产党是杀不绝、打不垮的！

一时间，广州的大街小巷里都出现了许许多多这样的标语和传单，它们好像扑不灭的火炬一样，星星点点，在沉沉的黑暗里，给人们带来了希望的曙光。

有一天，陈铁军又把标语带在身上，觑着没有人，就贴到墙上去。当她一转身的时候，后面有一个人把她叫住："不要走！你在干什么？"

相识相知 共同革命

陈铁军一听，怔了。可再一看那人，她喜出望外。原来这人正是周文雍！他消瘦了，颧骨露出来了，两只眼睛显得更大更亮。陈铁军鼻子一酸，说："同志，我在找党！"周文雍不等她说下去，便接着说："同志，党也在找你们呀！"

　　周文雍一招手，老沈也走过来了，他们重新聚在一起，可真兴奋、真快乐啊。老沈告诉陈铁军，四·一五那天，原来负责广州工人运动的刘尔嵩同志被捕了。党派周文雍同志接替他的工作。现在正在重新恢复组织，准备行动。他说："我们都在找你。我们看见你们贴出来的标语和传单，就知道我们的人还在战斗着。周大哥还认出你写的传单和你写的字呢！我们在这周围等了你两天了。坚姐也在找你们，我们都知道你一定在苦苦地找党。"

　　陈铁军流着泪说："我们都在找！不只我一个人，还有许多同志，都等着党来找我们！"

　　她哭了，眼泪也在周文雍的眼睛里闪亮着。他深情地拍着陈铁军的肩膀说："是啊，在这些日子里，我们大家都是在经受考验的。铁军，要想想，我们的党也在经受考验啊。我们都相信，党一定能克服一切困难，继续领导我们争取最后的胜利。你团结了一班人，那更好了。铁军，我知道你一定会这样干的。"

　　热情而乐观的情绪又回到周文雍的身上。他说："铁军，省委的机关已搬到香港去了。你快到那边去接头，等省委派给你新的任务。更严峻的斗争还在前面呀。"

他们还有一千句、一万句话要说，可是他们只热烈地握过了手，又要立刻分手了。

→ 特殊任务

★★★★★
（23岁、22岁）

十多天之后，陈铁军从香港回到了广州。

陈铁儿心情激动地迎接着她。陈铁军的精神是愉快的。

陈铁儿急切地问她："姐姐，你领到新的任务了吗?"

陈铁军说："当然领来了!"

妹妹的心跳得更快了："那么我呢?"

陈铁军微微笑着："别着急,哪能没有你的呢? 没有你,我们还能完成这任务吗?"

陈铁军热烈地把妹妹的手拉着,坐下来,说:"妹妹,我先把好消息告诉你吧。革命有了很大的转机了! 前一个时期由于陈独秀的错误,革命差点给断送了。现在党已纠正了这个错误,制定了新的决策,实行用革命的武装反对反革命的武装。为了挽救革命,周恩来、贺龙、叶挺等同志,8月1日在南昌举行了武装起义,打响了反对国民党反动派的第一枪。8月7日,党中央在汉口召开了紧急会议,清算了陈独秀的右倾投降主义的错误,撤了他的职,还决定在农村秋收时举行起义。9月9日,毛泽东同志在湖南南部领导了秋收起义,打击了地方武装。现在已向井冈山进军,建立农村根据地。我们的党是永远打不垮的! 我们还要准备在广州举行暴动,建立红色政权呢!"

铁儿越听心里越激动。她高兴地把姐姐抱起来,说:"难怪广州最近的空气也变了! 前些时候我们老是半夜听见汽车响,知道又是那万恶的反动派把我们的同志拉到白鹅潭或什么地方枪毙,我们天天晚上流眼泪。这几天,我却听到这里那里一声手榴弹爆炸声,我们的剑仔队惩罚了工贼,惩罚了反动的'工人改组委员会'的人。"她又指指前面说:"有一天早晨,就在那幢高大的楼房上,扯起了一面红旗哩。反动派像发了疯似的追查，但结果什么也查不到！"

陈铁军说："铁儿，那不过是这里的同志给反动派一点颜色看看。他们把它称作红色暴动反对白色恐怖。可是，暴动和起义是另外一回事，要把现在的反动政权推翻了，建立一个红色苏维埃，那才是翻天覆地的事。"

铁儿说："那人民就真正翻身做主人了呀！告诉我，什么时候动手？"她又高兴又着急。

陈铁军说："快了！快了"她的样子变得严肃起来，说，"铁儿，告诉你，广东已经组织了行动委员会了，周文雍同志就是负责人之一。党把一个任务交给我，跟他一起工作，掩护他和帮助他，要我们用夫妻的名义租房子，建立机关……"

铁儿听了，眼睛睁得圆圆的。

陈铁军说："铁儿，经过了这一段斗争，党知道你是经得起考验的，决定让你和我们一起住机关，协助我们工作，你说好不好？"

铁儿高兴得跳了起来，说："那还用问吗！你敢接受这任务，我就不敢吗？真太好了！真太好了！"她天真地眨了一下眼睛，想了想说："那么，我该怎么称呼文雍同志？噢，称大哥，对吗？和这个大哥在一起，他就能更好地帮助我学习，是吗？"

陈铁军看见妹妹兴高采烈的样子，疼爱地捅了她一下，说："看你乐的，好像成功就在眼前了。这任务是光荣的，可也是艰巨的——要往艰巨那头想啊！"

他们在西关那边找到了一处房子。那时候，房东们都给白色恐怖吓怕了。有房子都不敢租给单身的人。这房东看见周文雍和陈铁军都是那么彬彬有礼，对人又亲热，便相信他们是一对幸福的新婚夫妇。还有那个天真烂漫的妹妹陪着，更是毫不怀疑，便把房子租给了他们。

这天，陈铁军和铁儿可忙坏了。她们卷起袖子洗刷、打扫。这房子不太大，家具也很简单，但是陈铁军却极其用心地布置，她的心都融化在这件工作上头了。这是个革命的家庭，是大家的家啊！

她感动地看着妹妹。铁儿赤着双脚，露出双手，拼命地在地板上刷着，嘴里还低低地唱着歌儿。可以看出来，她的心情也是激动的。

陈铁军走过去，把妹妹额上的汗珠揩净，把她额前的刘海儿掠起来，深情地问她："妹妹，喜欢我们这个新的家吗？"

铁儿说："姐姐！你一定知道我在想什么。啊！在这么一个家庭里，我还是你的妹妹，多好！"

陈铁军意味深长地说："是啊！在革命的路上，我们是永远永远在一起的。"

这是大家都很难忘记的一夜。

党恢复了它的工作机关，第一天他们就在这里执行任务。

很晚很晚，陈铁军和周文雍才从外面回来。他们不声不响地关上了门，交换了情报。海关的大钟楼传来了当当当的钟声，已是午夜 12 时了。

工作了一整天的陈铁军，兴奋地数着钟声，精神又焕发起来，说："啊！零时！这时刻，既是今天的结束，又是明天的开始呢！"

周文雍说："你说得多好啊！今天的结束，就是明天的开始。共产党员永远没有零时的。趁着现在更深人静，我们都来学习一下武装群众这一个重大的课题吧。"

铁儿一听学习，也精神抖擞起来了。

周文雍结合着四·一二的惨痛教训，和陈铁军、铁儿一道学习了毛泽东和周恩来武装工农的思想。毛泽东和周恩来在农民运动讲习所的讲课，他们三个人都听过。现在，血的教训使大家体会得更深刻了。

陈铁军翻开她的本子。她从中山大学宿舍逃出来的时候，什么东西也没有带，抄周恩来诗的那个本子也遗失了。后来，她凭记忆把那些诗默写了出来。此时，她意味深长地说："血的教训是惨痛的。可是，既要革命，流血也是避免不了的，我给你们看看周恩来同志这首诗吧。"

在她的本子上，有用红墨水笔画上杠杠的几句。那是：

　　没播革命的种子，

　　却盼共产花开！

　　梦想赤色的旗儿飞扬，

　　却不用血来染他，

　　天下哪有这类便宜事？

周文雍怀着激情读了这几句诗，说："是的，流血是不可避免的。可是，我们的血也不会白流。这里还有两句哩。"他就低声地吟哦起来：

　　种子散在人间，

　　血儿滴在地上。

铁儿痴痴地听着，她深深地吐了一口气，说："啊，共产主义的种子撒遍了大地，共产花开，赤旗儿在天空飞扬，那该多美啊！"

陈铁军也憧憬着说："那时候，我们的孩子们，青少年们才幸福呢。他们静静地听老师讲革命的真理，他们可以施展才干为人民谋幸福。哪像我们今天这样，追求真理，为人民求出路也算是犯罪，也要杀头！"

铁儿还沉醉在她美好的理想里，她说："我们一定会看到那美好的日子的到来。我现在被学校开除，可是，等全国解放了，我还要再学物理，还要写诗歌哩。"

周文雍笑着说："到了那时候，铁儿妹妹就会把科学和艺术结合起来，为人类造福，使人们尽量享受着真、善、美。可现在，我们还得用鲜血和生命去斗争，用鲜血和生命写出我们最伟大的诗句和最伟大的历史篇章。在过去几个月里，不正是这样吗！"

他们三个人孜孜不倦地学习，娓娓地谈心。然后，就各自休息了。

陈铁军再不能睡下去了，她爬起来，要把白天没有完成的工作继续完成。

她走到厅里一看，桌灯还在亮着，周文雍还在灯下继续工作着。为了不妨碍她和铁儿睡眠，他用报纸把灯光遮得严严的。

"文雍，怎么你还没睡呢？"

周文雍在暗淡的灯光下，抬起了黑发蓬松的头。他的双颊因熬夜而发红，眼睛在瘦削的脸上发出光芒。他还没有答话，却看到陈铁军手上拿着的蜡纸和笔，便笑起来说："那么，你呢？"

陈铁军笑了："你不是说今天的结束就是明天的开始吗？我要开始工作呀。"她坐到周文雍对面，周文雍把盖在桌灯上的报纸调整了一下，让灯光也照着她。

周文雍又慢慢站了起来，把脖子上的红色围巾解下来，说："围上，夜深了，有点凉意了。"

这时，飕飕的西风从窗子吹进来，周文雍咳嗽了两声。

"啊呀，你怎么把围巾给我！你自己冻着哩。"陈铁军感动地说，"真没想到，你这外表严肃的人，却那么会关心人的。"她把围巾推回去。

周文雍风趣地笑了："嗳，说心里话，开头，我也没有想到像你外表那么温柔，性格却像钢铁般硬。可现在你对待同志也那么硬，硬是不要这围巾吗？"

陈铁军说："我的任务是保护你、协助你，我要对你和革命负责啊！"她一想到周文雍是有肺病的，看着他那苍白的脸孔，心里难过起来。

周文雍的眼睛闪亮起来，又严肃又诚恳地说："同志，正是因为对革命负责，我得保护你们姐妹俩。我们相处的日子也许很长，也许不多了，你要好好保重身体。我呢，自己会照顾自己的。"

陈铁军低垂着她那黑而长的睫毛，没有答话，开始刻钢板。

一会儿，周文雍把宣传稿写完了，他抬起头来，递过去给陈铁军看，恳切地说："你看看对这稿子有什么意见没有？唔，还有，你和我在一起工作，有意见吗？"

陈铁军在灯光下，很快把文稿看完，说："太好了！啊，同志，你把我们的心里话都说出来了。我还有什么意见呢？我们的意见不总是很一致的吗？"

这时，铁儿在床上翻了一个身，咕哝了一句："看啦，共产花开了！"

周文雍和陈铁军不约而同地朝房里望了一眼。

陈铁军微微一笑说："我妹妹的美梦一定会实现的。来吧，我们要争取时间。"

她又俯下头，低垂着那黑而长的睫毛，继续工作着。

月亮已经隐去了。灯光下，只听得他们的笔尖在纸上沙沙作响，为那共产花开的春天而辛勤地播着种子。

→ 机智营救

　　武汉政府转向，南昌起义军失败，张发奎最终靠不住，使得广州人民的期待披雪蒙霜。但这并没能摧毁他们乘着大革命的雄风竖起的已是伤痕累累的征帆，和向着既定目标顽强挺进的意志。仍继续斗争，而其激烈的程度，从周文雍被捕时的情形即可见出几分。中共广东省委在给中央的信中写道：广州市委本月1号召集了铁路工人的示威运动，参加示威者不下三四千人，齐集至汪精卫东山之私宅请愿，作复工之要求。派了八个代表见汪，汪不得已接见代表。大致是说"这件事是政府职权，政府自有处置，我个人不能负责"。群众大为愤慨，空气十分热烈，大呼打倒汪精卫猪仔契弟，及拥护 C.P 加入 C.P 等口号，遂到"公医"面前开会决定巡行。行至惠爱东路，公安局派出之铁甲车保安队，遂大呼打倒反动派，（被）捕去周文雍等二十余人。缘文雍同志过于勇敢与高兴，曾演讲数次，又手持大旗先行，为人注意，致捕去，对工作上损失非（常）之大。既捕人时秩序大乱，颇为狼狈。群众中有表现更加兴奋者。一部分表现恐慌者。

周文雍被捕后，陈铁军焦急万分，马上找组织商量营救的办法。

9 月中旬，张发奎班师回到广东。他在"凯旋宣言"中称此番归来有三大使命，一是肃清共产党，铲除叶、贺逆军；二是改善广东的政治；三是扶助工农。其实，他朝思暮想的是怎样从李济深手里夺回广东，好落下个窝。"自由，民主"，他微笑着向工人群众伸出写满大革命口号的手。工人群众也伸出了手，上面写的是"五项要求"：释放一切政治犯，保证工会与农会的自由，驱逐一切改组委员，四·一五前工人与雇主所定的协约一概有效，保持省港罢工工人的一切权利。工人组织的活动又由秘密转入公开。张发奎向工人伸出的手在半空猛地攥成了拳头。

10 月 13 日，张太雷自普宁流沙辗转到香港。周恩来、叶挺、聂荣臻等稍晚也到达。15日，在香港坚道一座楼房宽敞的大厅里，张太雷主持了南方局和广东省委联席会议。在《"八一"事变的经过，失败原因和前途》的报告中，张太雷指出："军队必须在实际上由中国共产党南方局领导下的参谋团

▷ 刑场上的陈铁军和周文雍雕塑

的指导下全部转变为工农革命军，军旗改为红旗。"张太雷激情难抑地说："将来还有没有希望？革命路程是不是通向高潮，我们可以肯定地回答说很有希望，而且通向高潮。"随后通过了《最近工作纲领》，指出："广东的工农斗争决不会因东江军事失败而消沉，反将完全抛弃等待军队帮助的观念，而有更自动努力奋斗之决心。"

会议改组了南方局和广东省委。南方局及下设军事委员会成员，由绰号叫"毛子"的国际代表纽曼指定。南方局委员有张太雷、周恩来、恽代英、黄平、杨殷、彭湃六人；周恩来、张太雷、黄平、赵自选、黄锦辉和杨殷负责军委工作。省委由张太雷任书记，陈郁、王强亚、阮啸仙等三十六人为委员或候补委员。其任务就是张太雷说的"各地仍应积极准备，一有机会就发动起义"，努力地扩大暴动。

10月底，汪精卫也从武汉来到广州。此前，汪精卫、唐生智与南京特别委员会的孙科等人在庐山进行了争权夺利的谈判，签订了一个互相都不服气的协议。孙科返宁后，南京特委会突然下令讨伐唐生智，唐生智则以牙还牙。同时唐生智与北洋军阀孙传芳暗中勾结，反汪空气极浓。汪精卫只好怀着"痛愤"的心情跑回老家，依仗心腹张发奎，再作计议。这些人归来的时候，已经是两种截然对立的政治力量的归来。它们撞击在一起，立即爆发出了漫天的电闪雷鸣。

10月14日，五千名海员在太平戏院前公开集会，接着举着红旗沿街示威游行，用石头砸死四名"改组委员"。17日，周文雍主持召开了广州工人代表大会，参加人员代表着一百多个工会组织。为使政府答应"五项要求"，会议决定于24日举行总罢工、大示威。

19日，张发奎派出军警抓捕了海员工会和省港罢工委员会的75名委员，解散工人纠察队，并加岗、戒严、搜查，到处张贴禁止罢工的"公告"。

23日凌晨2点，周文雍一声令下，100个工人小组从各处涌上街头，这千余名举着红旗的工人很快汇集在一起，散传单，呼口号，使军警乱作一团。汪精卫到广州后，又为张发奎戴上了"左派"的面具。中共广州市委决意撕去画皮，还以真相。省委对广州市委的工作作出决议：对于市委领导10月14日海员运动的策略、反对张发奎态度，省委完全认为是对的。24日预定之罢工决定不罢是对的，因为敌人已有充分的准备，而工人又经过重大之压迫。假定我们勉强决定罢，

相识相知 共同革命

非但罢不成，并且恐要失去现在马上又起来之机会。不过我们事前不能罢，事前有错误，即我们决定罢工的时期太迟了，使敌人有机会准备。现在又继续动作，领导铁路工人披露汪派之假面具，省委亦认为是对的。省委训令市委应积极领导工人利用汪派在广州得势时所给予的机会，尽量发展工人之政治、经济斗争，才能揭破汪派的假面具，才能扩大工人群众的政治斗争以推

◁ 陈铁军雕像

翻反动政权。

11月1日，2000名铁路工人和500名火柴工人在周文雍的带领下，包围了东山葵园汪精卫的公馆。这些在四·一五后失去工作的工人愤怒地叫喊着，要汪精卫出来答复"五项要求"。周文雍当场揭去汪精卫一伙的伪装。事后高呼"打倒新军阀"的口号开赴街头，举行游行示威。行至东皋大道口被汪精卫、张发奎派遣的军警围住。在一片棍棒枪托乱砸乱舞中，周文雍满脸是血，身负重伤。群众架着他冲到文德路口附近，又被迎面开来的大批军警截住，经过激烈搏斗，他再度负伤，与三十多名工人一起被捕。

为了阻遏工人群众的斗争浪潮，警察宪兵昼夜警戒，巡逻街市，搜查行人；反动报纸每天都刊载张牙舞爪恫吓工人的公告，街头巷尾到处张贴着杀气腾腾的标语："造谣惑众者枪决！""煽动罢工者枪决！""扰乱秩序者枪决！""阻碍军事行动者枪决！""私自组织团体者枪决！""聚众闹事者枪决！"完全是"四·一五"式的枪决和白色恐怖！

为了营救周文雍，市委专门开会研究部署。会议由市委书记吴毅主持，参加的市委委员有陈郁、沈青、梁国志等人。监狱戒备森严，强行劫狱难以成功，他们决定智取。营救周文雍的计划十分周密。按照陈铁军的吩咐，洋务工人小陈冒充周文雍的家属，到监狱给他送饭。生姜炒饭，酥炸鱼，辣椒排骨。"不要喝茶水"，小陈说。周文雍早已知道营救计划，每天坚持不喝水。

几天后，周文雍发起高烧，呻吟，说胡话，甚至发狂地叫喊，要求送医院。同狱的难友也跟着起哄，不分昼夜地叫嚷："他是患伤寒病呀！会传染的，我们都要陪死啦！"监狱长来巡查时，难友们有骂的，有抗议的，有要求送医院的，吵嚷得更厉害。周文雍则咳嗽、气喘不止。监狱长让狱医给他看时已把一张值一百元的大新公司礼单揣入腰包的狱医装模作样地看了看，证明确是患了传染病，而且病情相当严重。监狱长无奈，只好把周文雍送到市立医院犯人留医处医治，为防不测，在医院大门口特别设置了警岗，日夜监视。

周文雍入院当天，模范汽车公司一位姓邓的司机就同医院的救护车司机攀上了朋友，他们东拉西扯了半天。这天中午12时，大门口的两个警察正在换岗，街上突然鞭炮声大作，警察还没弄清是怎么回事，就被沈青用手枪点着腰眼缴了枪。医院里随即闯出一标人马，用白布被单把戴着铁镣的周文雍兜头盖住，李源背上就跑，上了门外一辆升火待发的无牌小汽车。

一阵烟尘，小汽车消失得无影无踪。

起义英雄 大战群魔

→ 广州起义

★★★★★

（23岁、22岁）

自八七会议以来，广东暴动就一直在酝酿之中。8月22日，中央指示南方局及广东省委，在南昌起义军入粤时，"东江须立即开始广大的暴动，发表政治的口号为叶、贺内应"。省委迅速制定了"起义军打到哪里，就在哪里组织暴动响应"的暴动计划。

9月9日，中央在致南方局和广东省委的信中说："中央对你们的暴动计划均大致同意，唯须立即开始，不要等待贺、叶军队到来，技术上并可参照两湖暴动计划。"

9月22日，广东省委下发了有关暴动策略的通告，要求各区县成立革命委员会，指挥当地暴动及暴动胜利后工作。南昌起义军在潮汕失利后，中央指示省委，要"极广泛地尽可能地发动农民暴动"，"广州城内，即须准备暴动，勇猛地号召工人、手工工人、一般贫民起来，夺取驻军、警察武装，以建立工农平民代表会议的政府为主要口号。广州附近的农民尤需注意"。

中央又于10月12日致函广东省委，指出：因叶、贺已溃败，在最短期内暴动夺取广东全省政权的计划，暂时已经不可能。但要以"农民为暴动的主力，坚决地领导他们继续不断的暴动"。

10月底，海陆丰农民武装在南昌起义军余部的配合下，举行了第三次武装起义。这段时间以及后来的一些日子，南方局和广东省委接连在香港开会，研究讨论暴动的问题。装扮成上海富商的周恩来在养病期间，也不顾自己病体虚弱，多次参加会议，提出许多中肯的意见。根据中央的精神，南方局和广东省委于10月15日通过了《最近工作纲领》，由张太雷带到上海呈报给中央。这个《纲领》指出："贺、叶军队的失败，并没有增加敌人的稳定，反而更引起剧烈的内部冲突。"并预测到"李、黄、张已成为鼎立之势，而互相争夺广东政权之斗争愈烈，火拼之期愈近"。并且，"工农运动的高潮非特不因东江军事失败而消沉，实际上更形高涨"。

14日广州海员及工人数万群众之大示威，即一实例。因此，省委认为广东土地革命运动仍是高涨，暴动的计划仍应继续实现，现在的暴动还不应停止，而应努力扩大。《纲领》对形势的判断及做出的扩大暴动的决定，与中央临时政治局扩大会议的精神是一致的。但中央对其中的一些内容并不满意，遂责成张太雷与苏兆征、国际代表纽曼等一道，进一步研究制定广州暴动的计划，并草拟中央关于《广东工作计划决议案》。

11月17日，即在张发奎、黄琪翔用武力驱逐桂系军阀的同一天，中共中央常委讨论通过了要求广东省委组织暴动的《广东工作计划决议案》。这时候，广东省委实际上已经在实施这个《决议案》。按照广东省委原来的设想，一旦粤桂这场不可避免的冲突发展成为激烈的战争，就立即发动广州暴动。但是，张发奎做得干净利落，省委一切都还没来得及，他就完全控制了广州。

11月26日晚，张太雷主持召开省委常委会，研究暴动的事。参加会议的有吴毅、黄平、陈郁、沈青、黄谦、王强亚和周文雍等人。

广东的局势使大家认为，暴动的时机已到。其根据是：一、张发奎、黄琪翔与李济深、黄绍竑的此狗同彼狗的争斗发生后，被逐之狗蓄势反扑，得势之狗则拼命搬兵到西江御战，广州兵力已抽空，而留守广州的教导团则为我党所掌握；二、陈济棠等已把中山、汕头的纸币调空，广州纸币亦低落，金融方面在相互的倾轧中相当混乱，市民人心动荡，张发奎亦得不到金融支持；三、广州工人和省港罢工工人屡经斗争已经发动起来了，海陆丰等地的土地革命运动也势头正猛，同时，张发奎对工人的压制加剧。大家都赞成立即暴动，"变军阀战争为民众反军阀的战争"。既反对彼狗，又要打此狗，从而建立自己的政权。

会议研究制定了具体的准备工作：一、召集全体工会一致行动，准备总同盟罢工；二、组织赤卫队，作为暴动的主要力量；三、加紧张发奎

△ 周文雍（左）、张太雷

军队内部的策反工作，争取拉出一部分为我所用；四、做好市郊农民的组织发动工作；五、指令海陆丰工农武装向惠州移动，以作策应。至于暴动的方式，是先举行罢工，还是直接暴动；白天发动，还是夜晚发动，这个问题已争执多次了。纽曼坚持前者。虽多有异义，但纽曼说当年苏联十月革命的暴动就是这么干的。于是会议就服从了这唯一的成功的经验。

起义总指挥部——革命军事委员会成立了。成员为张太雷、黄平和周文雍三人。张太雷任总指挥，统管全盘及军事，周文雍管赤卫队，黄平协助吴毅和周文雍。

会后，所有的力量都倾注到第一线，从事紧张、冒险的组织和发动工作。香港只留一个交通处，由恽代英、张善铭、沈宝同负责，其他的人均向广州集中。

11月28日，广东省委发表了《中国共产党广东省委员会号召暴动宣言》。

按照起义总指挥部分工，周文雍把分散的"剑仔队"、"工人自救队"、"省港罢工工人利益维持队"、"海员义勇团"等秘密武装，按十一个区编成统一的工人赤卫队。由于隶属不清、居住分散，不便集中指挥，周文雍又同黄平、杨殷、吴毅、陈郁等人重新研究，决定按照地段，结合行业，将十一个区的赤卫队迅速整编成七个联队，每个联队下设三个大队，大队下设三个中队，中队下设三个小队，小队有十个人，叫"十人小组"。还成立了由汽车司机组成的独立汽车队，以及破坏交通队、红色恐怖队、敢死队、消息局等负有特别任务的组织。赤卫队的成分为：

运输业：车夫工人，煤炭工人，同德工人，小轮工人，汽车工人，邮务工人，海员工人，派报工人，铁路工人；

店员业：纱绸工人，大新职工，估衣工人；

粮食街市业：炭业工人，酒业工人，米业工人，菜栏工人，瓜菜工人，糖面工人，麻包工人，酱料工人，酒楼工人，粉面工人，猪肉工人；

织造服装业：锦纶街工人，衫袜工人，土布工人，唐鞋工人；

建筑业：建筑工人，搭棚工人，家私工人；

印纸五金业：印务工人，石印工人，铜铁工人；

其他：洋务工人，火柴厂工人，玉石工人。

计有36种行当，共3000人。此外，赵自选、黄谦、吴勤等人分别到市郊和南海县组织农民赤卫队。起义总指挥部派出徐向前、沈青等军政人员，分任各联队的联队长和党代表，加紧组织和军训工作。

赤卫队的总指挥由周文雍担任，梁桂华任副总指挥。

为了壮大暴动的力量，暴动总指挥部努力把一切可以争取的力量争取过来。

争取新编第四军警卫团，并使之充实、加强，这个任务交给了叶剑英。当时警卫团有两个营，一个是第四军军部特务营改编的第一营，另一个是原李济深第八路军特务营改编的第二营。军官成分混杂，尤其在第一营里，多是张发奎的亲信。叶剑英把着张发奎的脉穴，以广州城防空虚为由，提出扩编警卫团的建议。张发奎正为广州兵力薄弱，后防不固，且无力压制广州工人运动而大伤脑筋，便采纳了这个建议。叶剑英又推荐中共地下党员梁秉枢担任了团长。并千方百计让张诗教、陶铸、蔡申熙等中共党员担任了团里主要领导职务。

这样，共产党基本掌握了警卫团的领导权，并在基层有了自己的骨干力量。

12月6日，在广州调元街何振武家召开的

△ 聂荣臻

省委常委紧急会议上，恽代英宣读了草拟的苏维埃政纲、宣言、告民众书等，获一致通过。有张太雷、黄平、周文雍、吴毅、陈郁等人参加的这次会议，还拟定了苏维埃政府成员名单。

聂荣臻到广州后，和省军委委员叶剑英在八旗会馆对面租了一间民房，作为军委的联络点。

12月7日中午，司后街一家小电影院里来了许多人。穿西装的，穿长褂的，有的是刚收车的车夫，穿的鞋子是"前卖生姜，后卖鹅蛋"。他们抽着烟，小声谈论，看着画报。在一个不起眼的位置上，张太雷翻看着几份文件。他打开怀表，影院的座钟敲响12点。放映厅里马上变得肃静。张太雷站起身，用炯炯有神的目光扫视全场，他宽阔智慧的前额闪闪发亮。停了一会儿，他宣布工农兵代表大会，将通过暴动政纲、广州苏维埃宣言、成员名单、决定暴动时间。他说："苏联十月革命，首先有列宁格勒的两个团士兵同情工人，后来影响了帝俄在前方作战的部队，终于取得革命成功。今天我们暴动，也有两个团的士兵同情我们，打响之后，如果能影响在梧州混战的军阀部队，我们也有可能完成革命任务。今天我们同苏联十月革命时的情形太相似了，正是举行暴动、夺取政权的好时机！"放映厅里的气氛顿时活跃起来了。接着对政纲等逐项宣读、解释、讨论、通过。当宣读、解释到"将穷人当赎物无价发还"时，张太雷说得很详细："分田要等夺得政权后的相当时候才能做到，而这一条可以马上做，表明我们为贫穷百姓谋利益的决心。不要忽视这一条，办好了，能震撼全中国穷人的心。"有人站起来问："我们暴动，要是河南的反动派同沙面的帝国主义勾结起来跟我们干，怎么办？"听到这个问题，张太雷摸了摸眼镜，然后说："那我们也决不饶过他们！"许多人争相发言，对暴动的结局很乐观。陈功武说："暴动后如能控制河北，守得个把月，等到与海陆丰农民会师，便可占稳广州了。"
会议把暴动时间定于12月12日，并通过了暴动政纲、建立苏
维埃的宣言和成员名单。苏维埃政府成员为：

主　席	苏兆征（未到前由张太雷代理）
人民内务委员会	黄　平
人民肃清反革命委员会	杨　殷
人民土地委员	彭　湃（因时任海陆丰苏维埃 主席，以赵自选代理）
人民劳动委员	周文雍
人民外交委员	黄　平
人民司法委员	陈　郁
人民经济委员	何　来
人民海陆军委员	张太雷
秘书长	恽代英
工农红军总司令	叶　挺
工农红军总参谋	徐光英

事情都决定下来了。张太雷问黄平：何时叫叶挺来广州？黄
平说："越晚越好，这样可以减少被捕的机会。"又问："是否让
叶剑英知道暴动日期？"答："他入党不久，又是教导团的团长，
不告诉他为好，暴动后再请他来。"叶剑英被内定为军事副总指

挥。

次日，张太雷向中央报告了暴动的准备情况。

张太雷召开支部书记联席会议，向与会者报告暴动的政纲及准备情况。

周文雍召开了工人赤卫队总队会议，决定由各联队召集干部会议，研究暴动的战术问题。

市委宣传部负责人赖先声召集团市委、妇委、劳动童子团和各区工代会有关人员，研究了组织宣传队，准备暴动标志和横额，抄写标语、宣传品的印刷等问题，并作了分工。会后分别抓落实。团市委和劳动童子团从学校里组织起一批宣传队，并选出毛笔字写得漂亮有力的学生，抄写标语，暴动宣言、文告和传单的印刷，由赖先声与杨殷联系，偷运到澳门去办。妇委承担了制作暴动标志的任务。

陈铁军和李淑贤发动车衣工会、土布工会的女工，还有执信、女师的学生，以办喜事为由，三三两两去西关、惠爱路各布店，把市面上的红布购尽，赶制红领带、红袖章、红旗和横额。石井兵工厂的 1000 只梭镖，也在暗中陆续赶制出来，还有分散在各处制作的 500 枚手榴弹和炸弹，都悄悄向"大安米店"汇集，又塞入装大米的麻袋里输送到工人赤卫队各联队。

暴动已进入倒计时！

△ 在黄埔军校任职期间的叶剑英

张发奎连下三道命令：

第一道以查出手榴弹，保障市民安全为由，宣布广州实行特别戒严；

第二道要黄琪翔迅速从前线向广州抽调军队；

第三道是收缴第四军教导团的枪械。

刀已出鞘，子弹已上膛，巨大的火药桶就要爆炸！先动手者，将给对方以致命的打击！

风云突变！叶剑英又一次临危而出。他把敌人的动向及时报告党组织，并亲赴教导团，向全团通报严峻的形势。他说："很遗憾，张总指挥听到坏人告密，诬指我们教导团要举行武装暴动，并且准备从外面调部队来缴你们的枪。为此，我已向张总指挥当面辟谣，大家可以放心操练，不要听信坏人的谣言！"

此前，他面见张发奎，说："总指挥，根据

我的侦察，所谓共产党暴动的情报并不可靠。"但张发奎衣袋里的三封电报在啸叫。这一回他沉吟不语，是因为援兵尚未抵达。汪精卫、张发奎决定先下手，使暴动胎死腹中。张太雷等得此消息，决心改变举行暴动的原定计划，先于张发奎下手，立即举行暴动。经由张太雷、黄平、周文雍组成的革命军事委员会讨论，形成了决议。

广东省委向中央作了紧急报告。报告说："广州暴动之时机已到，此时如不动作，教导团力量将被其解散，同时敌人更加紧地向我们进攻"，"省委决定明日即行暴发广州之暴动"。同日，向广州的革命武装力量发布了举行暴动的紧急命令。紧急命令在广州城飞快地四下传递。以一种复仇的感情传递，以激奋和带有英雄气概的情绪传递。一切都在紧张迅速地进行着。

吴毅来到上九路杨巷胜利汽车修理行，这里聚集着海员骨干。吴毅开口就说："同志们，风声紧得很！"他逐个询问了暴动的准备情况，又说："要抓紧最后的时间把一切准备好！小北兵工厂被敌人破坏了，有人叛变！教导团也有人告密。今天上午的情报讲，张发奎正在把韶关的军队调来。这龟儿子眼看要下毒手！省委叫我通知各位，暴动时间由原来的12号提前到11号，也就是明天，凌晨3点30分，四标营一打枪，就动手！"吴毅掏出一个淡绿色的小本，上面写满了数字、地名，还画了好些地图。他逐一布置了任务。最后轮到何振武，任务是严密封锁长堤西濠口一带江岸，不准任何人来往，大小船只，一律冻结。吴毅特别交代他："你的担子不轻啊！让那些家伙从你胯下溜到李福林那里去，麻烦就大了！"

军委负责人季步高找到省港罢工工人甘宝源。甘宝源兴冲冲地说："家伙收到了，该'炒'了吧？"他指的是收到的几支驳壳枪和几枚手榴弹，是一个十二三岁的小姑娘分批送来的。季步高以笑作答，说："天黑的时候，把家伙送到酒米工会，交给黄荣或是刘楚杰。你再去国民汽车公司找关国，他会把任务告诉你。"甘宝源晃了晃拳头："是不是……"季步高仍不理会，掏出一叠烟纸，说："还有，把这拿去派给酒米工会的赤卫队员，一人一张，晚上12点之前带票到工会集合。"烟纸上盖有邮票大小的篆字红印。

张太雷来到潭新街独身老婆们住的姑婆屋，周文雍和杨殷也在这里。杨殷给第三联队、工农特别联队和南海县农军布置了任务。他从铁路工人和建筑工人组成的第三联队里，抽出两个中队人，组成敢死队，由王春、李连任队长，配合攻打公安局，叫黄寿协助指挥。攻击目标还有西区各警察分局和石围塘火车站。张太雷进屋后，向大家作了一番鼓动，然后要杨殷接着说。杨殷拍拍黄寿肩膀说："公安局是敌人的中心堡垒，对付它要勇敢，还要灵活才成啊！"又对曾伟赞说："打车站的担子不轻呀，就落在你身上了！"曾伟赞硬气地说："殷叔，看吧！"随后，黄寿回到姐姐家中，从厨房水围基的砖下取出驳壳枪，去掉桐油纸，往裤子上一插，便赶往旧仓巷的"大夫第"，曾伟赞也先回家，点亮神台上的油灯，搬开香炉，从底下摸出一支德造曲尺手枪、一包子弹。他把枪擦净，装上子弹，出门直奔将军庙直街。

手工车夫工会支部会在第十甫曾巷举行。第二联队队长沈青宣布："暴动定为今晚下夜3点半动手，听东北角四标营枪声为号！"人们发出一声欢呼。支部书记黄益华把拳头往台上一搁："同志们，为死难烈士报仇的时候到了！为劳苦工农打江山的时候到了！大家要听从指挥，带领工友勇敢战斗！一切为了暴动胜利！"接着，沈青分配攻击任务。李沛群迫不及待地问："我们呢？我们第六大队打哪里？"沈青说："会合其他队伍，打第五区警署。"嘿！不是冤家不聚头，手工车夫提起警察就恨得牙根痛，喊声打，还不制他肉酱！李沛群刚要走，被黄益华拉住。黄益华从抽屉里取出一张油印的《工农兵暴动歌》。李沛群说:"我还以为——起码也给支'大六火头'呢。""那土造枪哪能比?"黄益华笑道,"列宁领导俄国革命,只提了六个字:面包——土地——和平,就推翻了沙皇统治。"李沛群回到万福路车夫馆,要大家分散走,到禺山市场酒楼茶室总工会第四分会楼上集中。随后拉上石喜上街,去通知出夜车的工友。

陈铁军发给陈功武三节双毫银洋,总共30块钱,作为当晚的餐费。陈功武还得到一纸委任令,上用铅笔字写道:"兹委任陈功武同志为工人赤卫队第一联队政治主任,须听从命令,不得违背。"他发完晚餐费,同工代会的几位工人在大德路的一家小饭馆饱餐一顿。7时,他们来到第一联队的集中地点龙藏街太邱书院。第一联队约有600名工友,分属打石、电务、油业、酒米柴炭、瓜菜、派报、颜料、水烟筒、茶叶、起落货、手车、汽车等工会,及一部分省港罢工工友,彼此多不相识。所以,门前有三五名守卫检查证件,就是季步高让甘宝源来派发的烟纸。

周文雍到明星戏院，饱蘸浓墨，书写了"广州苏维埃政府"的巨幅横额。随后来到了太邱书院。他对陈功武说："给你个任务，去小北直街拿手榴弹，立即去。"并有一张两指宽纸条，写道："兹介绍陈功武到来，请予接洽。"署名"西皮"，是CP的谐音。周文雍又同联队长、大队长们围着一张饭桌，对攻打公安局作了细致的布置。周文雍说："公安局的情况一定要记清楚：一入门有道铁栅，门对面正是办公楼。穿过天井，北边是警察宿舍，南边是材料库、监仓。敢死队一干掉门警，大队立即冲进去，一部分冲入警察宿舍抓俘虏，一部分绕到后边，把监仓里的同志放出来。"

　　叶挺找到徐光英，向他了解了各方面的情况。徐光英掌握的情况是：张发奎的主要力量集结于西江等地，但广州市区的兵力细算起来，仍有不少：新编第二师第三团驻陈家祠；李福林第五军一个营驻河南海幢寺；沙河、燕塘一带驻有炮兵五营；北校场有步兵四连；东山两连；国民党省党部、广九火车站、四军军部、观音山、省长公署、军事厅、文德路等处各驻一营、一连或一排；公安局所辖保安队分驻各警署及机关，有枪千余。总计驻地不下二三十处，兵力七千以上。反观己方：有教导团千余人，警卫团有把握的一个营，工人赤卫队约三千人；枪械共约一千三百余支，工人赤卫队仅有数十支。而且叶挺想工人赤卫队缺乏严格的训练，而且作为局部地区的军事行动，不能不同周边的局势联系在一起考虑。作为一名极富军事智慧又历经沙场的军事将领，叶挺不能不感到形势的严峻。曾参加暴动策划的苏联驻广州总领事波赫瓦林斯基后来说："我们都不相信起义会取得最后胜利，因为广州外围反动派的势力太强大了。"但到了此时，叶挺也不能不表现得异常冷静。

▽ 广州起义（油画）

晚上 8 时左右，叶挺和徐光英赶到永汉南路，在禺山市场陈少泉杂货店二楼召开军事参谋团会议。参加会议的有张太雷、周文雍、黄平、聂荣臻、杨殷；还有暴动总指挥部新任命的教导团团长李云鹏，营长叶镛、赵希杰、饶寿白，警卫团的梁秉枢、陈选甫、袁耐坚，赤卫队的沈青、邓苏、李连，农军的陈道舟等。张太雷同叶挺拣要紧的说了几句，便同周文雍匆忙离去。赤卫队各战斗单位是否到位，使他们放心不下，黄平去接应纽曼。与会人员汇报了情况，杨殷和徐光英又补充了一些敌方情报。加上徐光英先前的介绍，叶挺对手中的作战图表有了整体的把握。叶挺寡言少语，一直在沉思默想。他对作战方案作了综合调整。军事参谋团制定的全盘作战方案是：教导团第一营主攻维新路公安局；二营各连分别攻打敌学兵营、沙河炮兵团和广九车站；三营解决长堤肇庆会馆第四军军部；炮兵连各排配合攻打沙河炮兵团、省党部、东校场公安分局、新编第一师司令部等处；工兵连攻击省政府、市政府、财政厅、中央银行等机构。警卫团第三营分兵进攻四军军部、仰忠街军械库，占领文德路第十二师后方留守处；二营原地警戒，并在东堤一带设防，严防河南李福林渡河增援；一营警戒观音山一带，防止敌军从北面反扑。工人赤卫队第一联队和敢死队攻打公安局；第二联队攻打四军军部和广九车站；第三联队攻打西区各警察分局、粤汉铁路局、陈家祠驻军和西瓜园保安队；第四联队攻打大佛寺警官讲习所、大南路警察分局及附近军警机关；第五联队攻打省长公署、观音山驻军和德宣路警察分局；第六联队兵分两路，一路攻打芳村警察分局、保安队和广三铁路车站，另一路攻打佛山；第七联队机动。暴动时间是11日凌晨3时半，口令为"暴动"，特别口令为"夺取政权"，暴动人员一律在颈上系红领带为记。

叶挺对战斗中相互呼应、伤员救护和后勤供应作了提示，并强调了周密侦察和因敌用兵的重要性。布置就绪后，各路领导和骨干即迅速返回。

11日凌晨2时，张太雷、叶挺、徐光英、周文雍、恽代英等来到北校场四标营教导团驻地，举行起义誓师大会。会前，教导团的行动小组处决了顽抗的代理团长朱勉芳，并逮捕15名反动军官（会后处死）。在大会上，张太雷、叶挺作了动员讲话，起义军总指挥部宣读了团、营干部任职命令，任命第一营营长李云鹏为团长，叶镛为第一营营长，赵希杰为第二营营长，饶寿柏为第三营营长。

1927年12月11日3时30分，整个广州像一头怒狮暴跳起来！

周文雍带领的赤卫队和敢死队，从龙藏街太邱书院出发，分两路进攻市公安局：一路由四牌楼（现解放中路）向北，经惠爱路（现中山五路），进到维新路北口；一路由四牌楼向南，经惠福路，进到维新路南口，对市公安局形成钳形攻势。此时，埋伏在第一公园（现人民公园）的敢死队，经惠爱路向市公安局连续发起冲击。守军以铁甲车和机关枪阻击，并得到驻维新路的保安队的支援，起义军进攻受阻。在战斗紧急关头，叶剑英率领的教导团第一连赶到维新路，投入战斗，以密集火力压住敌人，炸毁铁甲车。起义军乘势逼近守军。二十多名敢死队员搭人梯，爬上围墙，向市公安局院内投掷手榴弹，趁守军混乱之际，跳进院内，从侧后攻击守军。预先打入保安队做内应的士兵，此时也突然向市公安局门口射击，守军被迫后撤。起义军趁势砸开公安局铁栅门，冲进院内。公安局长朱晖日越墙逃跑，保安大队长李作日被击毙，顽抗的守兵被消灭，其余的缴械投降，关押在公安局牢房的八百多名共产党员和群众被解救。驻维新路的保安队也全部缴械投降。

其他工人联队分头攻下了国民党省党部、省长公署、黄沙火车站、邮电局、无线电局和市内各区警察署、保安队驻地等。

还打开各监狱，释放被关押的二千多名政治犯。清远县的农军于 12 日攻占县城，并在源潭附近破坏铁路，阻止国民党军南调。南海农军在大沥等地起义，一部配合第六联队攻占石围塘火车站，控制广三铁路。市郊芳村、花地农军进攻广三车站。西村等地农军协助工人攻击陈家祠的敌军。花县农军在王果强、刘绥华带领下，连夜赶到广州，与工人赤卫队一起攻入省长公署，后转回花县参加破坏铁路、阻敌南运的任务。经过十余个小时战斗，除第四军军部、军械库和第十二师后方办事处少数敌人据点仍在抵抗外，珠江以北市区的大部均被起义军占领。

公安局大门前悬挂起"广州苏维埃政府"的红布横额，一面闪烁着镰刀锤子的大红旗在办公楼顶端迎风招展。往日这座阴森黑暗的阎王殿此时被红旗照亮，聚拢到这里的人们沉浸在一片欢乐、兴奋、自由的气氛中。

张太雷、周文雍、叶挺、恽代英、黄平、吴毅、杨殷、陈郁、聂荣臻、黄锦辉、徐光英等人陆续来到这里，他们都系着红领带。共产国际代表纽曼，苏联领事馆的哈西斯、乌科洛夫也来了。

6时，在中楼楼下的会议室里，张太雷主持了广州苏维埃政府和工农兵执委代表第一次联席会议。他身穿草黄色呢子军装，开岔皮带，绑腿，咖啡色皮鞋。坐在他对面的叶挺穿一身黑色西装，打一条黑色条纹绸领带。周文雍穿的是宝蓝色长布衫。他们一个29岁，一个31岁，一个年仅22岁，还有其他的人，他们都年轻、有力、生气勃勃。

会议开始了，张太雷站了起来庄严地宣布："广州苏维埃政府诞生了！"

三十多位与会者对此报以热烈的掌声，三名外国同志离座与大家握手致贺。

公安局门前一片喧沸。缴获敌人的枪械从各处一车车运来，众多的赤卫队员和老百姓在争领枪支。从维新路到惠爱路，排列着卡车、马匹、小汽车、粮食等战利品。地上有血迹和鞭炮的碎屑。穿着破衣烂衫的农民自卫军到了。烈士的遗体被轻轻地抬到汽车上。红旗飘舞，绣着双龙戏珠或丹凤朝阳的大红被面在飘舞。一批批俘虏沮丧地坐在街道两侧。小孩把三角小红旗插在领后，像京剧中的将军有板有眼地练着把式。腕上还戴着断镣、脸黑得像煤矿工人的"政治犯"与寻来的亲属抱头痛哭。登记赤卫队名册和领取银元的地方人头攒动。有人抓着棍棒石块扳着一个个俘虏的下巴寻找仇人。街道上方拉起一幅幅横标，墙壁刷上了革命标语。满街的人波动起来，押解炮车的队伍到了。人们的脖子上都系上了红布条，其中有孩子和老太太。人群中忽起骚动，有人在暴喝着追逐什么人。挑担子的挎篮子的送来了香气四溢的红烧肉和白米饭。曾经镇压过革命者的罪犯被指认出来，死在石块和愤怒的拳头下，还要被人踩踏、被人唾骂。赤卫队的大小负责人、交通员川流不息，有的来报喜，有的报急。改作宣传用的铁甲车开过来了，宣传队员站在上面敲锣打鼓，散发传单，拿着马粪纸糊的喇叭高唱。更多的人在跟着唱：

工农兵联合起来向前进，我们起来！

工农兵联合起来向前进，杀绝敌人！

我们前进，我们奋斗；

我们暴动，我们胜利！

推翻那帝国主义走狗国民党统治，

一切权力归于我们工人农民兵士！

一曲唱罢，人们鼓掌，欢呼。"苏维埃万岁！""广州苏维埃政府万岁！"

陈铁军以充沛的精力和严谨的作风贯彻执行组织分配的各项指示和任务。她从早到晚和周文雍一起辛勤地工作，草拟起义纲领、口号，书写横额、标语，印发传单，做好工人赤卫队的思想动员和组织运送武器弹药，还组织妇女分头购买红布，缝制起义用的标志"红领带"、"红袖章"等等。

　　周文雍、恽代英、黄平、纽曼，每一个人都在忙着发枪、写文、演讲、巡察、调集人员和食品，东奔西跑地处理各项事务。

　　由于一切都围绕着保卫和巩固苏维埃这个中心，各项工作都显得热烈、繁忙。由于事起仓促，缺乏准备和经验，各项工作又都显得纷杂、无序。

　　按原定计划，工农兵拥护苏维埃政府大会将于午后2时在第一公园举行。

　　一些赤卫队员和学生陆续来到公园。准备前往会场的周文雍和吴毅也已走出了总部大门。这时，有个赤卫队员气喘吁吁地跑到周文雍面前，指着观音山的方向，气不连声地说："那边……敌人打……打过来了！"

　　周文雍忙说："快！老吴，马上组织反击！"敌人已经冲到第一公园前面，向公安局发起了攻击。

　　闻知此讯，聂荣臻立即带领在总部的人员投入了战斗。他们搬出米袋筑起工事，架起机枪阻击敌人。

没等周文雍下令，赤卫队员们就不顾一切地冲上前去。呼叫声、喊杀声、咒骂声、爆炸声、金属的撞击声、身体的仆倒声，乱成一片。赤卫队员个个都英勇无畏地往前冲。他们追打着退却的敌人，一直追到大元帅府。

他们看到了观音山脚下大队的敌人。冲，三角红旗在头顶挥舞着。冲，不顾一切，热血汇成的山洪裹带着天崩地裂的轰鸣，冲呀！

"嗒嗒的，嗒嗒的……"守卫长堤的教导团一部赶到了，司号兵吹响了冲锋的号角。许多赤卫队员砰砰地搂了火，他们以为吹冲锋号就是叫开枪。后面的人也开了枪，咆哮的人群继续向前压过去。

这一仗打得淋漓痛快。也许是衣衫褴褛的赤卫队员第一次尝到了打败头戴钢盔的正规军的滋味，要饱饱地品尝这滋味；也许是为自己爆发出来的超常勇气感到吃惊，要再体验一遍给予确认；也许是没捞着杀敌人，要补回缺憾……那些装死的敌人忙不迭地爬起，翻身跪在地上哭喊求饶。

拥护苏维埃政府大会在次日中午召开。

周文雍的眼中布满了道道血丝。他同其他领导人一样，两天来，滚沸的血液在他并不高大、但却精壮结实的躯体里一刻也没有平静过。编训队伍，鼓动演讲，火线巡察，调兵遣将，冲锋陷阵，他不分昼夜地忙碌着。由于在长期的工运中与工人结下了亲同手足的感情，他干得是那么愉快，那么得心应手。

他找到洋务工会的负责人、赤卫队大队长梁志国，要他马上去西瓜园布置会场。"会场要尽量做得大些，来的人多。"周文雍说着，把一卷用簇新红布做的会标递给他。梁国志接过红布。周文雍又把拟就的大会标语交给赖先声，要他抄写张贴出去。标语口号共有三条：

打倒帝国主义！

工农兵起来拥护苏维埃政府！

赤色恐怖消灭白色恐怖！

梁志国已不是第一次布置会场了，但这一次非同寻常。他跑到丰宁路西瓜园，对着场地设计了一番，然后回洋务工会找几个人，一同到反动的省总工会找材料。

屋子里狼狈不堪，遍地是倒搁的破门扇、镜框、衣架、碎玻璃、废报纸、断腿少面的桌凳。二楼也一样，没有什么东西可用来搭主席台。"鬼窝！"几个人抢起破条凳，把残存的玻璃窗、磨砂灯罩砸个粉碎。灰土和霉腐味令人窒息。

梁志国制止道："别砸，这些东西都是我们的了。"

砸的人理直气壮："丢！哪个要这些烂家伙，我们做新的！"终于找到一张大餐桌，几个人把它抬到西瓜园，摆在场地东头的中间。又找来十几张椅凳。又从一座破工棚上拆下两条长竹竿，把红布会标打横穿好，举起，拉开，用绳子把竹竿下端捆牢在餐桌的腿上。

"好嘞！""胜利！""万岁！"已经到场的人

▽ 广州起义烈士陵园里的红花冈四烈士墓

们呼啦啦围拢过来，又是鼓掌又是欢呼，有人敲起舞狮鼓点，有人朝天鸣枪助势。梁国志看到了洒满阳光的会标：广州工农兵士拥护苏维埃政府大会。

起义胜利后，陈铁军又发动组织妇女给起义军、赤卫队送水送饭，分发面包饼干，救护受伤的战士、工人，看守俘虏和缴获物资,散发和宣传苏维埃政府印发的《广州苏维埃宣言》《纪念死难烈士宣言》、《苏维埃政府告民众》等文告和传单。

时至 11 点，西瓜园有了浓厚的大会气氛。由于准备仓促和战斗紧张，到会约有三百多人。这绝不算多，但却有着充分的代表性。他们中间有赤卫队、农军、教导团、警卫团的代表，也有国民党海军和俘虏兵的代表，还有妇女代表、青年团员和青年学生、店员、小贩和其他市民。他们无一例外地都系着红领带。他们说笑着、逗闹着，憧憬着美好的未来。

张太雷、叶挺、恽代英、陈郁、周文雍、黄平、杨殷等领导人走到了主席台前。

周文雍摇响铜铃，会场静了下来。军乐队奏起雄浑激越的《国际歌》。

周文雍宣布开会，由张太雷同志讲话。张太雷在热烈的掌声中站了起来。他还是穿着那身草黄呢子军装，那宽阔明亮的前额，饱含智慧和忠诚的眼睛，深邃而激情四溢的气质，给人

△ 左起叶挺、恽代英、杨殷

一种坚定有力、完全可以信赖的印象。他首先报告了当前的形势，举行暴动的过程和意义。他的声音虽不高，但却像磁石一样吸引了全场群众的注意力。他提高了嗓音，慷慨激昂地宣布："广州苏维埃政府成立了！"霎时，就像把珠江搬到了会场里，热烈的掌声，翻飞的旗帜，掀起了滚滚排涛巨浪，欢呼着人民政权的诞生。这时候，人群中忽地站起一个穿海军军服的大块头，朝着主席台摩拳擦掌地大喊大叫。这小子竟敢捣乱会场，真是胆大包天！人们纷纷站起来指着他，喝道："你想干什么？""不准吵！""把他拉出去！"有人边喊"打"边往前扑，维持秩序的赤卫队员也持枪跑过去。但这场小骚动很快就平息了，这是一场误会。火块头是参加暴动的海军士兵代表，他用普通话喊的是革命口号，诸如海军陆战队坚决拥护苏维埃政府等等，他太激动了，但人们听不懂普通话。误会化释了，人们又转而向他鼓掌叫好。

张太雷宣布了苏维埃政府的施政纲领。首先是对全体劳动人民的政纲：一切政权归苏维埃——工农兵代表会议。打倒反革命的国民党。打倒各式军阀和军阀战争。保证劳动人民之集会、结社、言论、出版和罢工的绝对自由。对工人的政纲是：实行八小时工作制。规定手工业工人的工作时间。一切工人都增加工资。由国家照原薪津贴失业工人。工人监督生产。国家保证工资。大工业、运输业、银行均收归国有。立刻恢复和扩大省港罢工工人的一切权利。承认中华全国总工会系统之下的工会为唯一的工会组织。解散一切反动工会。承认现在白色职工工会下的工人为被压迫阶级的同志，号召他们为全无产阶级利益而帮助工农民主政权。

对农民的政纲是：一切土地收归国有，完全归农民耕种。镇压地主豪绅。销毁一切田契租约债券。消灭一切田界。各村各区立即成立工农民主政权。对士兵的政纲是：国有土地分给兵士及失业人民耕种。各队部之中应组织兵士委员会。组织工农革命军。改善兵士生活。增加兵饷到每月20元现洋。

对一般劳苦贫民的政纲是：没收资产阶级的房屋给劳动民众居住。没收大资本家的财产救济贫民。取消劳动者一切捐税、债务和息金。取消中国年底的还账。没收当铺，将劳动人民的物资无价发还。对外的政纲鲜明而响亮：联合苏联，打倒帝国主义。张太雷每念一个条文，都要停一下，微笑着让群众相互议论一阵，然后他再做讲解。会场上一会儿悄然无声，一会儿哄哄闹闹，眉飞色舞的，忘情鼓掌的，使劲点头的，放声喝彩的，这一致而又纷乱的热烈场面充满了感情与活力。张太雷似乎也受到了感染，他抑制不住地越念声音越高亢，镜片后面的眼睛烧灼着兴奋的光焰。

张太雷还宣读了苏维埃政府成员的名单、给共产国际的电报等，都得到了大会的拥护和通过。各界代表上台讲话。工人代表是印刷工会领袖王强亚，他热情奔放，讲话如火轮飞滚，且助以刚烈的手势，极有煽动性。他挥指着西瓜园一侧反动的省总工会大声斥骂："陈胜那个契弟，不是人！他带着一帮工贼来摧残我们工人兄弟，替

101
起义英雄 大战群魔

资本家效死，我们要拥护苏维埃政府，打倒那帮咸家铲！"在广州的方言俚语中，"契弟"类同"相公"，而"咸家铲"则是"全家死光"之意。王强亚痛快淋漓地骂了足有半个小时，激得人们面孔涨红，煞是解恨。

开会期间，四处的枪声和爆炸声一直响个不停。观音山枪声越来越剧烈了，好像已翻过了山头，向市区蔓延。

周文雍当机立断，宣布散会。不知从何时聚集起的乌云，给会场投下了沉重的阴影。落下一阵雨，雨点稀疏，硕大，打在脸上又硬又冷，老百姓叫它白撞雨。

广州苏维埃政府的成立，得到了党中央和团中央的有力支持。党中央先后发表了告民众、告工人、告农民书和党内通告，高度评价广州苏维埃的成立，动员全党和全国民众给予支持与配合。

领导人即乘车回公安局，指挥抗击敌人的反扑。与会的士兵和赤卫队员也分赴观音山和长堤等处增援。

张太雷听说观音山告急，便和纽曼乘车出了公安局，直驰枪声剧烈的大北门。车头上的小红旗在风中啪啪喧响。张太雷腰挎手枪，双手还拿着一支步枪，镜片闪闪的脸上，充溢着刚强和激动。他坐在左边，纽曼坐右边，他们的警卫员分立在两边的踏板上。

车至大北直街时，不幸的事情发生了，一股机器工会的匪徒突然窜出左侧的巷口，对着小车就是一通乱射，张太雷还未及反应，就被一阵子弹击中了头部和胸部，歪靠在车厢里。司机冼流和他的警卫也当即中弹牺牲。靠右边的纽曼和警卫迅疾跳下车，跑到街旁的骑楼下依柱开枪还击。

　　附近的赤卫队员闻声赶来，有的当即去追击匪徒，有的跑到小汽车旁。车身弹痕累累，车胎被打爆，血水淌出车门，在地上积了一滩。张太雷无力地半睁着眼睛，像是疲劳至极似的用俄语喃喃地说了一句："哎哟，可恶的魔鬼。"他头一歪，永远地闭上了眼睛。

　　张太雷牺牲在战斗的最前沿，年仅29岁。在那辆流着鲜血的小汽车旁，认出了张太雷的赤卫队员大惊失色，拔腿就奔往总指挥部报信。

　　周文雍、黄平等闻讯十分震惊。但形势紧张危急，他们来不及体验痛苦。

　　周文雍一边派赤卫队到现场警戒，一边要汽车工会调车抢运遗体。

　　汽车工会的负责人袁松、杨绩、梁梅枝等人

开了一部大客车到现场。人们急快而轻稳地把张太雷的遗体抬上大客车。张太雷的警卫员和司机冼流的遗体也抬到了大客车上。

暮色中，张太雷的遗体被运到了总指挥部中楼的一间屋里，放在一张床上，用蚊帐盖住。

周文雍在一旁默默地站了一会儿，说明天要开追悼会。随后去西关等地指挥赤卫队的战斗。

主力部队开始在黄花岗集结后转移。

深夜12点左右，周文雍从西关回到公安局，证实了黄平的话。他立即派何添到如意坊，向那里的工人赤卫队传达撤退命令；派简发通知坚守观音山的赤卫队，命他们掩护教导团撤离后即行撤退；又命通讯员通知洋务工人赤卫大队负责人梁国志，要他带领有枪的队员去长堤加强布防，掩护主力部队撤退。

周文雍从昨晚到现在，一直呆在公安局。开始，他是想在这里组织赤卫队撤退，由于情况很乱，他根本就无法做到。早晨，从各处溃退到这里的人员越聚越多，他们大悲大忿，群情激昂，要求誓死保卫苏维埃，与敌人作拼命一拼。周文雍年轻的心脏加速了跳动，周身的血液加速了循环。他把陆续到来的赤卫队员组织起来，分派他们到可控制要道路口的围墙、楼窗、屋顶等处，加固了大门外的沙包街垒，并在那里安置了两挺机枪。干着这些的时候，周文雍不会不知道，凭着赤卫队残余的这点力量要想顶住庞大而猖疯的敌军，哪怕坚持一天也是不可能的，而且所要保卫的苏维埃政府已经不复存在。与敌再作一搏的意义，也许就在于意志和热血的张扬，愤怒和痛苦的宣泄，就在于在失败中坚持住革命信念和对希望的执著追求。

这是一场实力异常悬殊的战斗。但是，它就同这几天发生的大大小小的战斗一样，工人赤卫队始终占据着心理上的制高点。颈系白领带的敌人一次次冲过来，又一次次被压到墙角和骑楼柱下。经过多次反复，弹尽援绝的赤卫队员伤亡大半，机枪也哑了。

下午3时，周文雍率领残部冲出公安局，杀出一条血路，穿过四牌楼的几条横街出了西关，经泮塘、西村南岸向北撤退。另有一部分突出东门，遭到在东校场设伏的黄慕松团围击，余者逃往车陂、龙眼洞方向。

赤卫队撤离后，公安局楼顶上的那面铁锤镰刀红旗仍在猎猎飘扬，它好像有一种余威，好像有一种强大的精神力量，使得团团围定公安局的敌人不敢贸然冲进公安局大门。于是，敌人特地调来了大炮，发动了一场攻打红旗的炮战，令人啼笑皆非的堂·吉诃德式的大战。在十分热闹滑稽的隆隆炮声中，旗杆终于被打折了。

由于敌强我弱，起义失败，敌人进行大屠杀，广州重新陷于血腥恐怖中。陈铁军不顾安危，坚守在党的秘密机关，迅速处理一些必须做的事，掩藏、转移、烧毁有关起义的文件和物品。广东省委命令陈铁军和其他同志马上撤退和隐蔽，陈铁军恋恋不舍地离开了党的秘密机关，和陈铁儿一起被迫转移至香港。

广州起义的部队突围以后，在花县召开了党的会议，成立了中国工农红军第四军，部队转入海陆丰根据地，与当地农民结合开展斗争。周文雍随部队到达东江以后，又根据组织的安排，到香港工作。

轰轰烈烈的广州武装暴动和新生的工农兵苏维埃政权在经历了三天血雨腥风的搏杀之后落下了大幕。它的开始和结束都是历史的必然。它是一道锋利的闪电，在一刹那间劈开了巨大而沉重的黑暗。它在一刹那间逝灭了，以牺牲自身的方式表达了革命者的理想、力量和决心。它或许也以这种方式否定了歧途，即城市暴动不适于中国革命。

1928 年 1 月 1 日至 5 日，广东省委在香港召开扩大会议，专门对广州暴动进行总结和检查。

李立三硬是坚持自己的逻辑，把持会议强行通过了《省委对于广州暴动决议案》。决议案还提出了惩办主义的决定，开除黄平、周文雍、陈郁、杨殷、恽代英、吴毅等人省委委员等职务，并予留党察看及调做下层工作等处分；叶挺留党察看六个月，徐光英开除党籍。

广州起义失败后，广州处于十分严重的白色恐怖之中，市内的共产党组织遭到非常严重的摧残。为了重新恢复党组织，广东省委决定派一批得力干部回广州市恢复党组织，继续开展革命工作。

在选派领导干部时，周文雍不畏风险，毫不犹豫地接受了回广州工作的使命。决定周文雍回广州以后，广东省委考虑到陈铁军也有丰富的地下工作经验，以往在工作上同周文雍也配合得很好，决定派陈铁军也回广州，再次以"夫妻"的身份同周文雍一起开展地下工作。

坚贞不屈 壮烈牺牲

(1928)

➜ 再战羊城

（23岁、22岁）

1928年初，陈铁军回到广州，在拱日路以"金山少奶奶"的身份租下一间洋房，作为共产党组织的一个联络点。

西濠口码头。半个多月前，这里到处是枪炮声、吼叫声、熊熊烈火的爆燃声、滔滔江水的冲激声，到处是沙包和木桶筑的街垒、标语和系着红领带的战士，到处是厮杀和流血。这里还曾有过这样的情景：游行队伍宛若红色的巨流滚滚向前。每个人手里拿着的三角纸旗与几百面写着各自工会名称的大旗交相辉映。鼓手们奋臂猛擂由几个人用棍子抬着的大鼓，锣鼓喧天，鞭炮齐鸣。一艘插满彩旗的巨大轮船在稳健地前进。长龙摇头摆尾，狮子们张嘴闭嘴、睁眼合眼地扑闪腾挪。

对于周文雍，这些也许是同时呈现的场景。周文雍从这同时呈现的场景中穿过。

他打扮成从南洋回来的"金山阔少"，在海员的掩护下从香港返回广州。先期回到广州的陈铁军来码头接他。一路上，所触所感尽是一派恐怖肃杀的气氛，红色没有了，白布白纸的横幅和标语比比皆是。那些杀气腾腾的口号，既有冲

▽ 旧时广州码头

着共产党的,也有冲着张发奎的,比如"打倒焚杀广州的张发奎","打倒叛徒张发奎"。借着广州暴动,吴稚晖等一口咬定汪精卫通谋共党,逼得他再一次亡命法国。并称张发奎和黄琪翔直接就是共产党,在广州的屠杀是苦肉计,而大兴讨伐之师。

李济深、黄绍竑的桂军直扑广州,张发奎、黄琪翔迫于无奈,把军队交给缪培南和薛岳指挥,携陈公博潜逃香港。李福林看风头不对,也把军权交予副军长邓彦华逃港。桂军先锋于12月29日抵河口,邓彦华立马向李济深投降。桂军又驱兵追歼撤逃之张、黄部队。双方打得两败俱伤,被蒋介石当做台阶堂皇登位,是稍后的事了。此时黄绍竑入主广州。比之张发奎等,桂军的反动与残忍要更加坚决、彻底。

回到荣华北街住处,陈铁军的妹妹陈铁儿、她嫂嫂的妹妹李淑媛已准备好了热饭热菜。同过去一样,周文雍与陈铁军假扮成夫妻,他们的住处仍是党的秘密机关。铁儿和淑媛与他们同住,掩护和帮助他们。陈铁军端来了荔湾艇仔粥。她知道文雍喜欢吃,特地叫铁儿熬的,里面放了鱼片、海蜇、炸花生、虾皮和姜丝葱丝。吃饭的时候,陈铁军说她已同李少棠联系上了,李少棠掌握一些潜伏同志的情况。无滋无味扒着艇仔粥的周文雍停下了筷子。当晚,他就同陈铁军出了门。

第二天下午,周文雍、陈铁军又来到安乐坊李少棠的住处。

△ 李耀先

李少棠找来了邓东、曾国钧、李耀先和沙文求。大家见面后百感交集，咬牙切齿地痛诉起敌人残酷暴行和广州遭劫的惨景。

沙文求愤然道："天地不仁，以万物为刍狗。然则天外有天，地下有地，这就是杀不绝的革命党人，这就是杀不绝的劳苦大众自己！"沙文求曾就学于中山大学哲学系，说话带着文气。

周文雍点头道："我这番回广州，就是要找寻失掉联系的同志，重新恢复党的工作，发动群众同敌人死拼！"

会上，大家都介绍了自己了解的情况：邓东介绍的是铁路工人，曾国钧介绍的是东山区委，李耀先介绍的是河南地区，沙文求介绍的是学校。还说到广州有一个国际济难会组织，隶属于共产国际，工作人员有日本人木村、印度人莫米丁、朝鲜人金昌溜、越南人阮爱莲等，此组织收容了不少警卫团、赤卫队离散人员，参加暴动的朝、越人员，

坚贞不屈 壮烈牺牲

发给衣物和路费转送各地。

　　周文雍交给每人一份暴动前地下党员和工人
骨干的名单，要求大家在自己的区片逐门逐户地
寻找失散同志。他自己负责石井兵工厂和手车夫
工人。大家担心包括反动军警和特务认识他的
人太多，目标大，认为他的活动不宜过多过广。

　　周文雍说这样更有利，因为自己人会提供更

▷ 陈铁军和周文雍纪念碑

多的掩护，而敌人则会麻痹。最后，周文雍提议去红花岗凭吊死难的烈士。"四·一五"大屠杀时，红花岗是许许多多革命志士英勇就义的地方。暴动后又有一大批英雄在这里殉难或被掩埋。

夜黑得出奇，夜空的星光也亮得出奇。几个人站立在寒风哨响的红花岗上，站了很久很久。

回广州开展工作，周文雍是如鱼得水，哪怕是翻搅着冰碴和泥沙的水。

1905 年，周文雍出生于广东开平县茅冈的一个贫穷塾师的家庭，自小就在父亲的启发下立志做一个文天祥那样有骨气的人。贫穷和有志，在他成长的时期起到深刻的影响。1922 年考入省立甲种工业学校机械科，他便来到广州，并开始接受革命思潮的熏陶，在学生运动中经受锻炼。1925 年加入中国共产党，参与省港大罢工的组织工作，成为广州工人运动领袖刘尔崧的得力助手。在斗争的险风恶浪中，他激情丰沛，胆识过人，为同道所钦赞。登台从校长手中夺话筒的事就是一桩。那是 1925 年夏天，广州搞市长选举，当周文雍得知这是反动政客操纵的一出丑剧时，即写文章、作演讲，予以揭露。这使得顽固守旧的"甲工"校长萧冠英十分气恼，便在学校召集大会，厉声指责周文雍是在"胡闹"，并大拍候选人的马屁，为候选人颠轿子吹喇叭。

115
坚贞不屈 壮烈牺牲

周文雍当即跳上讲台，以实情予以驳批，并要求把选票当场发给师生，闹得萧冠英戳在台子上下不来。

周文雍在长期的斗争实践中积累了丰富的经验和出众的能力，也使自己由一块优良的矿石变成了一块纯钢。这在"四·一五"之后他领导的历次斗争中都有充分的表现。

此次回到广州，周文雍和陈铁军不顾个人安危，机智沉着地避开敌人耳目，四处寻找失散的同志。周文雍经常化装成苦力，深入工人居住区，与取得联系的工会骨干研究如何团结更多的工人。有时，他同陈铁军装扮成巨商夫妇，以打牌作掩护，同党的负责同志接头、开会。

一次，周文雍在玉华坊的联络点召集会议，会议开始前，一位潜伏在敌公安局的同志急匆匆地跑来，说此联络点已暴露，暗探马上要来抓人，他们立即撤去门前的布幌，从容离开，行至街口，已见有腰胯间支支棱棱藏掖着不善之物的便衣在紧张地布网。不久，周文雍就在陈铁军及其他同志的协助下，利用自己对情况熟悉和在工人群众中的威望，重新建起了联络网和交通线。广州的工作刚开始恢复，革命的力量刚开始积蓄，刚从昏迷中苏醒，尚需咬紧牙关强忍浑身创伤的剧痛，便要坚强地站立起来投入新的战斗。

1月中旬，根据省委的指示，周文雍和广州的同志开始酝酿发动一次叫做"春季骚动"的政治攻势。春节期间，他们将在公共场所、繁华的闹市和街道大量散发传单，告诉广州民众，暴动虽遭失败，但革命没有完结，共产党人仍在奋斗；并号召工农民众团结在共产党的周围，将革命进行到底。工作的开展极为艰苦。这不仅是因为敌人的刺刀和密探，同时还因为工人内部的分裂。当时的中国，无论资产阶级还是无产阶级，都是处于形成过程中的新型进步阶级，它们都年轻、幼稚，都受到帝国主义和封建主义的威胁，生存的逻辑使它们本能地要挽起手来。因此，在反帝反封建的斗争中，无产阶级能够统一集合在民族解放的旗帜下，而当斗争的矛头直指代表资产阶级的新军阀时，无产阶级的阵营就发生了混乱。在广州，对比省港大罢工、北伐征战与"四·一五"之后直至暴动中工人队伍的表现，就说明了这一点。

"四·一五"之后，广州工人代表大会掌握的工人并不多，多数都控制在由国民党把持的广东总工会手里，广州暴动没能充分发动群众，这是一个重要原因。而广东总工会属下的机器

△ 陈铁军雕像

工会更是充当了镇压暴动的帮凶。越是困难，越
是具有挑战性，就越能激发周文雍的斗志和激
情。

他与后来返回的季步高等人一道昼夜奔忙，
研究计划，筹集资金，印制传单，鼓动群众，在
荆棘丛莽中坚定有力地推进各项工作。"春季骚
动"的筹备很快就有了相应的规模。在此期间，
陈铁军忽儿打扮成女佣，臂挽漆花瓮篮子，忽儿
扮成中学生，背着书包，来往穿梭于各个秘密

联络点，递送党的指示、传单和小报。春节前夕，她又扮成贵妇，同陈铁儿冒着生命危险回到佛山家中，此时已家道中落的三哥四处筹款，为了缓解活动经费短缺的困难。"春季骚动"的传单四处传递，秘密蔓延，有的难免落入敌手。回到公安局长交椅上的朱晖日惧恨万分，命令在全市大肆搜查。安乐坊秘密机关被破获，被捕者中有人叛变，供出周文雍和陈铁军的住处。

朱晖日如获至宝，即遣大批军警围扑荣华北街市委机关。周文雍外出未归。陈铁军见势不妙，让陈铁儿经凉台爬入邻居家走脱，但已来不及摆出"危险信号"。狡诈多端的军警头目命捉住陈铁军，在屋里屋外布下埋伏。未几，周文雍推门进来，军警头目兴奋得跳了起来，说："行了！你们到齐了，局长有请！"周文雍坦然依旧。陈铁军以蔑视的口气说："你们这些人办事也不爽快，还是等我穿上件衣服再走吧！"她换了件干净衣服，披上一条蓝色围巾，和周文雍一起从容步出家门。

→ 刑场婚礼

★★★★★

（23岁、22岁）

两位革命志士落入了敌人的虎口。

周文雍上次被捕后，曾经被陈铁军等人机智地营救出去。现在，反动派害怕周文雍再次被党组织营救出去，竟然给周文雍加上了沉重的脚镣手铐，又用一条粗大的铁链把他锁起来，周围日夜有军警监视。陈铁军也同周文雍隔离开了。

在监狱里，反动分子为了从周文雍嘴里了解情况，采用了"放飞机"、"坐老虎凳"、"插指心"等许多种酷刑，把周文雍折磨得死去活来。

在狱中，敌人对周文雍施展官禄和金钱

120

收买、利诱的卑鄙伎俩遭到失败后，又使用惨绝人寰的酷刑，使他多次昏死过去，但他坚贞不屈，当敌人拿来纸笔强迫他自首时，他愤笔疾书，痛斥反动派的无耻和罪恶。他还在囚禁他的第十一监狱的墙上，写下了一首壮烈的诗：

> 头可断，肢可折，革命精神不可灭。
>
> 壮士头颅为党落，好汉身躯为群裂。

敌人无计可施，决定开庭判决。周文雍又利用法庭同敌人斗争，宣传革命真理。

敌法官问："你是不是共产党员？"

周文雍："是！"

敌法官问："你为什么要参加共产党？"

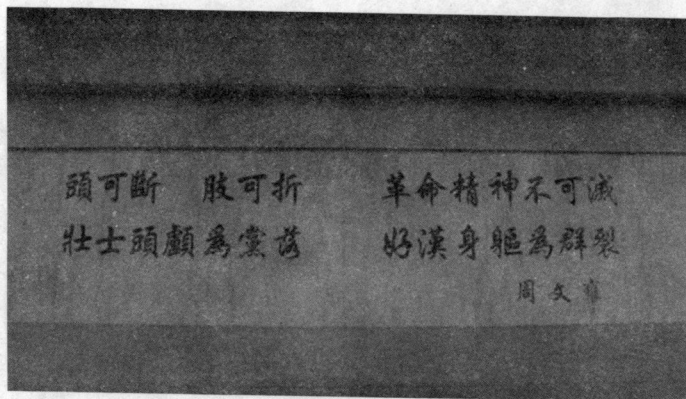

△ 周文雍写的诗

周文雍：“为了全中国人民的自由和解放。”

敌法官问：“哪些人是共产党？从实招来！”

周文雍：“全中国的工农都是，你去抓吧！共产党是杀不完的。”

反动分子万般无奈，判处周文雍和陈铁军死刑。

周文雍在广州名气很大，广东军阀公开审判时为掩盖拷打痕迹，为他脱下血衣换上半旧西装。法庭问他有什么最后要求时，周文雍毅然回答：“只要求和陈铁军同志一起照张相。”留下的这张照片上的周文雍大义凛然，只是手势不正常，显然是受刑后造成的。陈铁军则披着宽围巾，呈现出一副安详的神态。许多同志看到报纸上的这张照片，都深深为之感动。

在艰苦的斗争岁月里，周文雍和陈铁军互相配合，为中国人民的解放事业共同战斗，虽然是公开的“夫妻”，却保持着纯洁的同志关系。现在，他们要把埋藏在心里的爱情用合影照公开，向党组织作最后的汇报，向反动派显示共产党人的崇高情操。他们要用这种特殊形式举行刑场上的婚礼。

反动派把摄影师带到监狱。

周文雍和陈铁军并肩站在牢房的一处窗口旁，留下了临刑前的合影。这是多么崇高的爱情！是多么辉煌的婚礼！

1928年2月6日，即旧历元宵节的下午，天下着毛毛细雨，

△ 周文雍和陈铁军合影

寒风刺骨。敌人将周文雍、陈铁军从市公安局监狱押赴红花岗刑场。

广州的群众得知消息后，纷纷赶来。街道两旁站满了人。反动分子害怕共产党组织力量劫刑场，异常紧张。周文雍和陈铁军被押往刑场时，前面是骑警开路，后面大批警察荷枪实弹。街道两旁，五步一岗，十步一哨，设下了从未有过的

坚贞不屈 壮烈牺牲

森严戒备。

周文雍和陈铁军神态自若，他们利用最后的机会向道路两旁的群众发表演说，高呼"打倒帝国主义"、"中国共产党万岁"等口号。

群众泣不成声，一直跟随着周文雍和陈铁军。

刑场上，周文雍与陈铁军视死如归，并肩屹立。开枪之前，面对大批围观的百姓，陈铁军大声呼喊道："我和周文雍同志假扮夫妻，共同工作了几个月，合作得很好，也建立了深厚的感情。但是由于专心于工作，我们没有时间谈个人的感情。现在，我们要结婚了。就让国民党刽子手的枪声，作为我们结婚的礼炮吧！"临终前，他们用最后的力气高声呼喊："同志们，革命到底！"

牺牲时，周文雍年仅23岁，陈铁军年仅24岁。

后 记

生命与爱情的千古绝唱

当我们坐在明亮宽敞的屋子里工作或学习的时候，当我们阖家漫步街头的时候，当我们悠然地坐在餐桌旁品尝美味佳肴的时候，当我们向一对新人祝福美满幸福的婚姻的时候，我们是不是还记得，曾有两位相爱很深的年轻人，是在刑场上举行婚礼的。

很难想象革命年代到底是个什么样子！更难想象革命年代的爱情又会是什么样！

但！看过这样的爱情后，不能不触动每一个人的每一条神经，不能不让每一个人的神经也为这样的爱情跳动、颤抖直至激动不已！

这才是世界上最真最纯的爱情！

这才是人间第一至情至爱！

如今，祖国万里长空，早已彩霞满天，繁花似锦。但现实总不能样样尽如人意，事事花好月圆。

在我们奋发向上的生活主旋律后面，也还有消沉和丑恶：有人面对世界风云的变幻失去革命的信仰；有人面对金钱的诱惑失去庄严的人格；有人追求享乐，不惜损人利己；有人放弃学业，终日浑浑噩噩；有人庸庸碌碌，却牢骚满腹；也有人受黄赌毒的侵蚀，将宝贵的青春任意糟蹋、挥霍……

面对着那些倒下去的英雄，对信仰、理想、爱情和事业，我们该交出一份怎样的答卷。

卡尔·马克思在中学毕业作文中写了这样一段誓语："如果我们选择了最能为人类的幸福而劳动的职业，那么，重担就不能把我们压倒，因为这是为大家而献身；那时我们所感到的就不是可怜的、有限的、自私的乐趣，我们的幸福将属于千百万人，我们的事业将默默地、但是永恒发挥作用地存在下去，而面对我们的骨灰，高尚的人们将洒下热泪。"

面向过去年代里那些曾经有过的崇高的生命、信仰和追求，虔诚地低下我们的头颅，然后再去寻求和思索生命的真谛！

人的生命，虽然是有限的，但从某种意义上说则是无限的。周文雍和陈铁军的一生，是那么短暂，但却是光辉灿烂的！他们将自己的一切，全部献给了党，献给了人民，他们的精神是永存的！